나는 왜 참으려고만 할까?

부정적인 감정으로부터 나를 지키는 감정 조절 심리학

나는 왜 참으려고만 할까?

부정적인 감정으로부터
나를 지키는
감정 조절 심리학

이시하라 가즈코 지음

이정민 옮김

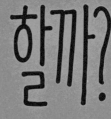

어떤 사람은 부정적인 감정이라면 무조건 덮어놓고 싫어하거나, 또는 주체할 수 없는 감정에 휘둘려 부정적인 감정을 조절하느라 몹시 괴로워하기도 합니다. 이러한 사람들은 오랜 시간 부정적인 감정에 노출되어 이미 감정에 둔감해졌거나 참는 데 익숙해져 부정적인 감정이 생길 때마다 그것을 어떻게든 억누르고 견디려고 하는 경향이 있습니다.

대부분 이런 사람들의 공통점은 긍정적인 감정을 느끼는 마음이 빈곤하다는 것입니다. 감정에 둔감해지면 동시에 긍정적인 감정 역시 잃어가고 마는 것이

지요. 행복과 기쁨, 만족감은 긍정적인 감정을 느껴야만 얻을 수 있습니다. 즉 긍정적인 감정을 잃는다는 것은 무미건조한 세상에서 살아가는 것과 같다고 할 수 있습니다.

감정을 조절하는 것, 부정적인 감정을 억누르고 참는 것과 같은 행위를 지속하다 보면 결국에는 '나다움'도 점점 잃고 말 것입니다. 부정적인 감정은 나에게 전하는 아주 귀한 정보이기 때문에, 이를 무시하는 것은 참으로 안타까운 일이 아닐 수 없습니다.

보통 부정적인 감정은 '나를 사랑하지 않을 때' 느낍니다. 요컨대 부정적인 감정은 자기 자신을 지키기 위해, 혹은 사랑하기 위해 무의식이 보내는 메시지이기 때문입니다.

그러므로 무조건 부정적인 감정을 조절하거나 억누를 것이 아니라, 나를 위한 정보로 받아들여 내 편으로 만들어야 합니다.

이 책을 읽는 모든 분들이 자신의 감정을 억누르거나 조절하지 않고, 내 편으로 만들어 결국 나 자신을 사랑하고 발전시킬 수 있기를 바랍니다.

이시하라 가즈코

Contents

Chapter 7

'감정'을 내 편으로 만들면 모든 것이 뜻대로 이루어진다

'분노'를
내 편으로 만들면

인간관계가
좋아진다

감정은 이유 없이 생기지 않는다

분노하는 데에는 이유가 있다

우리는 대개 '분노'라는 감정을 떠올리면 부정적인 생각이 먼저 떠오르곤 한다. 그래서 분노하는 사람을 보면 마치 자신의 감정을 이기지 못해 폭주하는 것처럼 받아들이는 동시에 분노는 억누르고 조절해야 하는 것이라는 생각이 지배적이다.

하지만 감정은 절대 이유 없이 생기지 않는다. 좋은 일이 생겼을 때 행복한 감정을 느끼게 되는 것처럼 분노와 같은 부정적인 감정 역시 마땅한 이유가 있기 때문에 생기는 것이다.

만약 당신이 눈앞에 있는 상대에게 평소라면 신경도 쓰지 않고 넘겼을 일에 분노를 느껴 소리를 질렀다고 하자. 물론 결과적으로는 상대의 말이나 행동이 마음에 들지 않아 소리를 지른 것이겠지만, 평소와 다르게 사사로운 감정에 분노를 느낀 것이라면 이미 상대를 만나기 전부터 분노가 쌓여 있었을 가능성이 높다. 다른 일로 기분이 안 좋았던 상태에서 마침 눈앞에 있는 상대의 사소한 언행에 분노가 터져 버린 것이다.

혹은 근본적으로 사람과 사회에 대한 인식이나 밑바탕에 깔린 의식 자체가 부정적이라 모든 일에 쉽게 분노를 터트리는 환경에 놓여 있는 걸 수도 있다. 평소 부정적인 의식을 갖고 있었다면, 상대의 모든 행동이 선의로 보일 리 없을 테니 말이다.

이처럼 우리는 순간의 감정을 통해 나에게 무슨 일이 생겼는지, 어떤 문제가 있는지를 파악할 수 있다. 즉 감정은 무의식이 보내는 메시지로, 그 순간 내가 왜 분노를 느꼈는지 파악해 나의 문제점을 해결할 수 있는 중요한 정보인 셈이다. 그러므로 중요한 정보인 감정을 억누르거나 조절하는 것은 엄밀히 말하면 잘못된 것이라 할 수 있다.

감정에는 뚜렷한 목적이 있다

무의식의 관점에서 보면, 감정이 생기는 데는 뚜렷한 목적이 있다. 특히나 분노라는 감정은 우리가 의식하지 못해도 이러한 목적의식을 위해 사용되고는 한다.

가령 부모가 아이에게 번번이 소리를 지른다면 그 이유가 무엇일까? 물론 부모의 입장에서는 아이가 자꾸만 화를 돋우기 때문에 소리를 지를 수밖에 없다고 말할 테지만, 굳이 소리를 지르지 않아도 해결될 상황에서조차 소리를 지르는 부모가 많다.

이는 부모가 소리를 지르면 아이는 대부분 잠자코 따른다는 것을 무의식중에 알고 있기 때문이다. 그렇다면 이러한 환경에서 자란 아이는 어떨까? 아마 반복적으로 이 같은 상황을 겪으면서 소리를 지르는 사람에게 공포를 느끼거나 자신 역시 분노를 터트리게 될 가능성이 높다. 어떠한 상황이든 분노를 터트려 소리를 지르면 상대가 잠자코 따른다는 생각을 가진 채 자라왔기 때문이다.

이처럼 우리는 의도하지 않았더라도 자신의 목적을 달성하기 위해 분노라는 감정을 사용하고 있다. 심지어 이런 식으로 감정을 사용하다 보면 소리를 지르는 것이 당연해지기 때문에, 전혀 화를 낼 필요가 없는 상황에서도 자동적으로 화를 내는 방법을 택하고 만다. 결국 자신에게 하나도 도움이 되지 않는, 오히려 마이너스가 되는 습관을 기르게 되는 것이다.

감정의 2대 원칙

 이유

감정이 생기는 데는
'이유'가 있다

↓

 감정

감정에는
'목적'이 있다

↓

 목적

감정에는 '이유'와 '목적'이 있다

"나를 외톨이로 만들면 가만 안 돼!!"

주변 사람들 중 유독 다른 사람의 기분을 상하게 하고 날이 서 있는 사람이 있다. 이러한 사람은 늘 분노를 품은 채 하나라도 꼬투리를 잡기 위해 안간힘을 쓰는 것처럼 보인다. 그래서 어디를 가든 적을 만들고 분란을 일으키곤 한다. 늘 부정적인 의식으로 사람을 대하며 관계를 맺어왔기 때문에 싸움을 멈추지 못하는 것이다.

사람에 따라 타인을 대하는 방법이나 분노를 표현하는 방식이 다르게 나타나곤 하는데, 대체로 어릴 때부터 타인과 어떤 관계를 유지하며 자라왔는지에 따라 차이를 보인다.

만족감과 충실감, 자부심 등 긍정적인 감정을 통해 관계를 맺어 온 사람은 내가 무엇을 원하고 있는지, 무엇을 좋아하는지에 대한 확신이 있기 때문에 분노를 표현하더라도 상대방에게 정확하게 자신의 의견을 전달할 줄 안다.

한편 초조함과 짜증, 불안, 미움과 원망 등 부정적인 감정을 통해 관계를 맺어 온 사람은 내가 무엇을 원하는지 확신하지 못한 채 막연히 분노만 표출하곤 한다. 또한 부정적인 감정의 원인 역시 제대로 파악하지 못하므로 이를 해소하지 못한 채 계속해서 마음에 담아두다 보니 결국에는 불만족감만 쌓이고 커져 '스스로의 힘으로는 해결하지 못할 것'이라는 무력감과 자기부정으로 이어져 더욱 분노만 키우게 되는 것이다.

하지만 적대심을 품고 만족스러움을 느끼지 못하면서도 이들은 늘 사람들 곁에 머물고 싶어 한다. 분노가 치밀고 화가나 으르렁거리면서도 결코 사람 곁을 떠나지 못하는 것이다. 왜 그런 것일까? 바로 고독해지는 것을 두려워하기 때문이다.

깨닫든 깨닫지 못하든 우리는 누구나 사회에서 고립되는 것을 두려워해서 누군가와 함께 있고 싶고 어딘가에 소속되고 싶은 욕구를 지니고 있다. 더욱이 의존성이 강한 사람일수록 누군가에게 매달려 있지 않으면 불안해하고, 버림받을 것 같으면 그 두려움 때문에 발칵 화를 내는 경우가 많다.

이처럼 본인은 자각하지 못하고 있지만, 분노를 표출하며 소리를 지르는 것은 "외톨이가 되면 무서우니까 버리지 마!" 하고 부탁하는 것이 아니라, "나를 외톨이로 만들면 가만 안 둬!!"하고 아이처럼 떼를 쓰는 것과 다름없다.

결국 긍정적인 의식으로 타인과 관계를 맺지 못하고, 자신의 정확한 의견을 전달할 줄 모른다면 계속해서 관계에 문제가 발생할 수밖에 없다. 다시 말해 번번이 감정에 휘둘려 '상대와 다투는 것'만이 인생 최대 목표가 될 수도 있는 것이다. 그러한 인생이 과연 행복하다고 할 수 있을까?

"나를 알아봐 주고 인정해줬으면 좋겠어"

우리에게는 자신의 존재 가치를 인정받고 능력을 높이 평가받거나 존중받고자 하는 욕구가 있다. 이를 '승인욕구'라고 한다. 하지만 모두가 같은 승인욕구를 가지고 있는 건 아니다. 인정을 받고자 하는 대상이 누구인지에 따라 '타자승인욕구'와 '자기승인욕구'로 나뉜다.

타자승인욕구는 내가 아닌 타인에게 인정받기를 원하기 때문에 이러한 사람들은 늘 남의 눈치를 살피며 남의 눈에 들기 위해 노력한다. 즉 타자승인욕구를 지닌 사람은 욕구를 채우기 위해 항상 나를 인정해주는 타인의 존재가 필요하다.

　　반면에 자기승인욕구는 타인에게 인정받는 것 이상으로 누구보다 스스로를 가치 있는 존재라고 믿고 또 그렇게 되기를 바란다. 즉 스스로 가치 있는 존재라고 인정하면 그걸로 충분하기 때문에 결코 타인에게 의지하지 않는다.

　　오늘날 우리 사회는 "나를 알아봐 주고 인정해줬으면 좋겠어!", "남보다 잘나가고 싶고 눈에 띄고 싶어!"와 같이 타자승인만을 추구하다 보니 스스로를 인정하지 못하는 사람들로 넘쳐나고 있다. 결국 내가 진정 원하는 것을 깨닫는 마음의 풍요로움보다 늘 다른 사람과 나를 비교하며, 그들보다 더 우위에 서기 위해 앞다퉈 치열한 경쟁을 벌인다.

'고독해지고 싶지 않다', '무시당할까 봐 두렵다', '나의 가치를 인정받고 싶다', '높이 평가받고 싶다'라는 타자승인 관점에만 머물러 있다면 결코 나를 들여다볼 수 없다. 내가 무엇을 좋아하고, 무엇을 원하는지보다 다른 사람의 시선에 내가 어떻게 보일지, 어떻게 해야 사랑받을 수 있을지에만 신경 쓰기 때문이다.

결국 같은 맥락에서 보면, 우리가 주체할 수 없는 분노를 느끼는 이유는 타자승인욕구를 충족하지 못했기 때문이다. 남에게 인정받기 위해 무수히 많은 노력을 기울였다고 생각했는데 정작 인정받지 못하고 보상받지 못한다고 느끼기 때문에 그에 대해 분노를 느끼고 마는 것이다.

만약 당신이 타자승인욕구를 품은 상태에서 타

인과 긍정적인 관계를 맺지 못하거나 좋은 평가를 받지 못한다면 어떤 기분이 들까? 혹은 그런 환경 때문에 만족감과 충실감, 행복감과 같은 긍정적인 감정을 느끼는 데 방해를 받는다면 어떨까? 아마 부당하다고 생각하며 분노를 터트리게 될 것이다.

분노라는 감정이 생기는 데는 상대에게 화가 났다는 이유 말고도 다양한 이유가 있다. 또한 분노를 표출함으로써 고독함을 피하거나 타자승인욕구를 채우는 것 외에 다음과 같은 목적이 숨어 있다.

- ☑ 현실을 직시하지 않아도 된다.
- ☑ 자신을 마주하지 않아도 된다.
- ☑ 가령 자신에게 잘못이 있더라도 그것을 인정하지 않아도 된다.
- ☑ 운 좋으면 자신의 책임을 남 탓으로 돌릴 수 있다.

이처럼 분노라는 감정을 표출함으로써 자신의 문

제를 부정하는 동시에 인정하지 않고 회피하려 한다. 하지만 무엇보다 중요한 것은 무시하거나 회피하고 도망치는 것이 아니라 받아들이고 마주하는 것이다. 분노는 결코 어느 날 갑자기 솟구치는 감정이 아니다. 내가 왜 분노의 감정을 느끼는 것인지, 그 원인을 깨달아야만 한다.

분노에는 반드시 그만한 이유가 있다. 그리고 그 이유는 나에게서 찾아야 한다. 있는 그대로의 나를 인정해야만, 분노의 본질적인 원인을 깨닫고 다른 사람과 긍정적인 관계를 맺을 수 있는 것이다.

'타자승인욕구'와 '자기승인욕구'

타자승인욕구

자신을 인정해주는 '타자의 존재'가 필요

자기승인욕구

타인이 아닌, 스스로 '자신을 인정'하면 된다

남에게 분노를 터뜨려도 문제는 해결되지 않는다

앞서 말했듯이 순간 발끈해서 나와 상관없는 상대에게 분노를 터뜨리는 것은 마음에 갖가지 문제를 품고 있기 때문이다. 그러므로 남에게 분노를 터뜨렸다고 해서 체기가 사라지듯 마음이 편안해지거나 문제가 얼음 녹듯 사라지는 것은 결코 아니다.

오히려 무엇이 문제인지도 모른 채 분노를 터뜨리기만 해서는 나의 무력감만 깨닫게 될 뿐이다. 종국에는 분노가 제어되기는커녕 한계에 달해 그야말로

29 ☺

폭주하고 말 것이다.

우리 사회는 이러한 분노로 가득 차 있다. 가령 남들과 조금이라도 다른 의견을 내면 기다렸다는 듯 뭇매질과 같은 집중 공격을 받기 일쑤다. 이는 마치 설탕에 몰려든 개미 떼를 연상케 한다. 심지어 떼로 공격하는 사람들의 의식 속에는 증오심마저 느껴진다. 누구를 향한 증오인지 깊이 생각하지도 않은 채 오직 증오에만 사로잡혀 타인을 공격하는 것이다.

뿐만 아니라 사회 전체의 경향을 살펴보면 분노가 가라앉기는커녕 점점 확산될 뿐만 아니라 분노가 미움과 원망으로 발전하고 있다고밖에 볼 수 없는 사건 사고가 쏟아지고 있다.

어쩌면 이와 같은 현상은 분노의 본질적인 문제를 해결하려고 하지 않고, 그저 분노를 억누르고 관리하고 조절하려고만 했기 때문이 아닐까.

분노는 타인을 의식하는 것에서 비롯된다

그렇다면 분노가 생기는 원인은 무엇일까? 대다수의 사람들이 자기승인보다 타자승인을 지향하고 있기 때문이다. 타자승인은 자신의 승인이나 평가를 타인에게 맡기는 것이다. 그러니 당연히 온 관심이 타인의 언행이나 주변 동향에 쏠릴 수밖에 없다. 의식 또한 자신의 마음을 따르기보다 '상대가 나를 어떻게 보는가'를 기준으로 판단하고 행동하려 한다.

정보화가 급속히 진행된 현대사회에서는 자신의 마음에 무관심한 사람일수록 타인이나 주변에서 일어나는 일에 시선을 빼앗기고 만다. 즉 타인이나 주변 일에 시선을 빼앗기는 사람일수록 자신의 마음에 무관심해질 수밖에 없다. 그래서 자신의 마음을 기준으로 삼기보다 '남의 시선과 평가'를 받기 위해 행동하려 하는 것이다.

나는 오랜 세월 심리요법을 통해 '자기중심'과 '타

자중심'이라는 독자적인 관점에서 마음의 메커니즘을 이야기하고 이를 통틀어 '자기중심 심리학'이라 부르고 있다. 이 둘 사이의 결정적인 차이점은 말 그대로 자신을 중심으로 살아가는가, 아니면 타인을 중심으로 살아가는가에 있다.

자기중심은 삶의 모든 중심을 나에게 두고 접근하여 사고하고 판단해 행동하기 때문에 자기중심일수록 자기 신뢰가 두터워져 자신의 모습이 어떻든 인정할 수 있게 된다.

반대로 타자중심은 삶의 모든 중심을 타인에게 두고 접근하여 사고하고 판단해 행동하기 때문에 모든 것을 타인이나 겉모습을 기준으로 삼는다. 때문에 일반 상식, 규범, 규칙, 규정, 습관, 풍습을 중시하고, 자신의 마음과 생각, 기분보다는 겉으로 드러나는 것에 자신을 맞추려 하고 적응시키려 한다. 그러므로 자신의 마음과 생각, 기분을 소중히 하기보다 '사고와 지식'을 우선시한다. 득실을 따지거나 승패에 얽매이는 의식 또는 비교해서 우열이나 강약을 다투는 것 역시 이런 타자중심에서 생긴다고 할 수 있다.

의식의 눈이 자신이 아닌 타인이나 겉모습을 향해 있으므로, 지금 보고 있는 대상에 대해 스스로가 '어떻게 느끼고 있는지', '어떤 기분과 생각을 품고 있는지' 점점 깨닫지 못하게 되는 건 당연한 결과라 할 수 있다.

나를 중심으로 의식한다는 것

자신의 의식을 나에게로 향할 것인지, 타인에게로 향할 것인지를 선택하는 건 결국 내가 기준이 된다. 의식의 눈이 타자중심으로 향하면 매사에 타인을 기준으로 삼기 때문에 타자승인을 지향하게 되겠지만, 반대로 자기중심으로 자신의 기분과 감정, 욕구를 소중히 여기는 선택을 해나가면 자기승인을 지향하게 된다. 단순한 원리인 것이다.

타자중심이 될수록 스스로를 인정하지 못하고, 모든 일을 스스로 결정하지도 선택하지도 못하게 되며, 나아가 누군가 그 기준을 제시해주지 않으면 자신감마저 없어져 점점 작아지고 만다.

수많은 사람들이 불안해서 견디기 힘들어하고 계속 조바심을 내는 것, 그리고 타인과 자신을 비교하고 승패와 우열에 집착하는 것도 결과적으로 이 사회가 점점 타자중심에 잠식되어 가고 있기 때문이라 할 수 있다.

그렇다면 타인에게 인정받기 위해 열심히 노력했는데도 불구하고 그 욕구가 채워지지 않는다면, 즉 타자승인으로 얻지 못하는 불만족감이 마음 밑바닥에 켜켜이 쌓인다면 어떻게 될까?

부정적인 의식은 부정적인 감정을 끝없이 생성해내고 그 감정을 타인에게 터뜨리지 않고는 못 배길 정도로 증폭될 것이다. 이것이 바로 '분노'의 정체이다. 다시 말해 분노는 '타자중심' 사람들의 이른바 전매특허라 할 수 있다.

'타자중심'과 '자기중심'

타자중심

남들이 어떻게
생각할까?

'타인'을 중심으로 한 관점에서 사고·판단·행동한다

자기중심

나는 정말 어떻게
하고 싶은 걸까?

'자신'을 중심으로 한 관점에서 사고·판단·행동한다

분노는 남은 물론 나까지 상처 입힌다

분노는 관리해야 하는 것이라는 인식

다시 강조하지만, 분노는 관리해야 하는 것도 조절해야 하는 것도 아니다. 분노뿐만 아니라 모든 부정적인 감정 역시 마찬가지다. 자신이 부정적인 감정을 느낀다는 것을 인정하려 들지 않기 때문에 관리하고 조절해야 한다는 발상에 빠지는 것일 뿐이다.

가장 먼저 분노의 감정은 관리하고 조절해야 하는 것이라는 인식에서 벗어날 필요가 있다. 인식을

달리하면 매사가 다르게 보인다. 일단 분노가 치밀었을 때 무엇이 문제인지 자기중심적인 관점에서 들여다볼 수 있는 여유가 생기고, 마음에 담아두지 않고 그때그때 풀어버릴 수 있기 때문에 부정적인 인식에서 멀어질 수 있게 된다.

자기중심적인 관점에서 분노가 치밀어 오르는 이유는 자신을 소중히 여기지 않고, 사랑하지 않기 때문이다. 즉 자신을 사랑하지 않기 때문에 폭력적인 분노가 생겨나는 것이다. 그러므로 분노가 타인을 향해 있더라도 결국에는 나 자신까지 상처를 입히고 만다. 분노의 크기가 큰 만큼 자신을 사랑하지 않는다는 뜻이기 때문이다.

내 말과 행동이 나를 상처 입힌다

가령 직장에서 상사가 부하 직원에게 "덥네!"라고 말하는 장면을 떠올려보자. 상사의 말에 부하 직원은 컴퓨터 모니터를 보며 "아, 그러세요?" 하고 무심하게 대답한다. 그 대답에 발칵 성질이 난 상사는 "눈치 없기는. 냉큼 일어나서 에어컨 온도라도 내리면 좀 좋아?" 하고 빈정거린다.

두 사람의 대화를 듣고 어떤 생각이 들었는가? 누군가는 부하가 상사의 말에 무신경하게 반응함으로써 화를 돋운 것이라고 말할 수도 있겠지만, 그렇지 않다. 여기서 중요한 것은 부하가 무심한 태도를 보였을 뿐인데 상사가 성질이 났다면, 상사는 이를 자신의 문제로 인식해야 한다는 것이다.

자기중심적인 관점에서 보면 상사가 성질이 난 것은 자신을 소중히 여기지 않는다는 무의식에서 보내온 메시지라 할 수 있다.

그렇다면 부하는 왜 상사에게 무심한 태도를 취했을까? 이것을 분석하는 것만으로 두 사람의 관계를 짐작할 수 있다. 이 장면에서 상사는 부하의 무심한 태도에 상처를 받았다. 그러나 다음 상황에서는 어떨까? 곧바로 빈정거리며 대꾸하는 상사의 말을 평소 부하가 과연 달갑게 받아들였을까? 상사는 평소 부적절한 언행으로 부하에게 상처를 주고 있었을지도 모른다.

상사는 부하가 무심한 태도를 보인다고 상처를 받으면서, 정작 본인 역시 '상대에게 상처 줄 만한 언행'을 해왔다고 해석할 수 있다. 게다가 상처받았다고 해서 심한 말로 비아냥댄다면 부하는 상사를 더 꺼리며 피하는 악순환만 거듭될 뿐이다. 이렇게 되면 상사는 더 상처를 받게 되고 결국에는 자신의 언행에 의해 스스로 상처를 받는 셈이 되는 것이다.

이때 상사가 더 자기중심이 되어 '왜 내가 빈정댔을까?' 하고 스스로를 돌아보면, 자신이 부하에게 한 언행을 자신 역시 누군가에게 당해왔다는 것을 깨닫게 될 것이다. 어쩌면 그 누군가가 부모일 수도 있다. 어려서부터 "내가 한마디 말을 하면 만사를 헤아려서 내 마음에 들도록 행동하라"는 말을 들어왔기 때문에 이를 부하에게 똑같이 이야기하고 만 것이다.

상사가 이 사실을 깨닫게 된다면, 부하에게 빈정 댄 것을 자신의 문제로 받아들일 수 있게 될 것이고 앞으로는 이와 같은 문제를 되풀이하지 않을 수 있다. 나아가 자신을 더욱 소중히 여기고 사랑할 수 있게 된다.

앞서 말했듯이 분노의 감정에서 비롯되는 말과 행동은 남은 물론 나 자신까지 상처를 입히고 만다. 결국 상사와 부하 직원 모두 상처를 입는 것이다. 즉 부정적인 감정을 품고 대화하는 것은 가령 그 대화에서 한쪽이 우위를 차지했다 할지라도 양쪽 모두 상처를 받는다는 사실에는 변함이 없다.

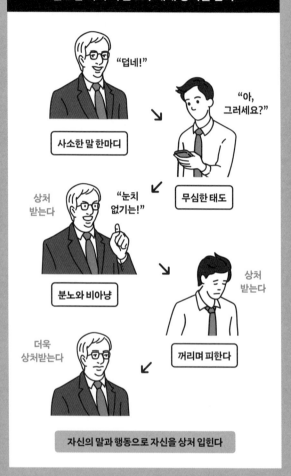

분노를 억지로 꺾어 누르는 것은 폭력이다

좀처럼 분노가 가라앉지 않는 원인

심리 상담을 하다 보면, 많은 사람들이 좀처럼 분노가 가라앉지 않는다고 호소한다.

"지금의 사회는 분노와 악의에 가득 차 있고 흉악한 범죄가 끊임없이 보도되어 암담한 기분마저 듭니다. 누구나 어떻게 할 수 없는 분노를 품고 있어 분노가 또 다른 분노를 유발하는 것 같아요. 어떻게 하면 이 분노를 진정시킬 수 있을까요?"

싸우고 싶지 않아도 공격당하고, 공격당해 상처를 입으면 분노가 끓어올라 앙갚음을 하고 싶어진다. 또 한 가지 일로 며칠씩 속이 부글부글 끓기도 하고, 과거에 발생한 다양한 사건을 떠올리면 이미 지난 옛날 일인데도 불구하고 화가 치밀어 오르곤 한다.

이런 사회현상도 개개인의 입장에서 생각해 보면, 대다수의 사람들이 자신을 함부로 다루기 때문이라 할 수 있다. 그렇다면 우리는 왜 자신을 함부로 다루는 것일까? 이는 어렸을 때부터 함부로 다루어져 왔기 때문이다. 내가 아무리 노력해도 함부로 부정당하고 거부당해왔다면, 그때마다 상처를 받고 억울한 마음에 화도 나고 '아무리 노력해도 안 되는구나' 하고 자신을 탓하며 비굴해지고 자신감을 잃기도 했을 것이다.

그러한 경험이 반복되다 보면, 어느새 너무도 당연시되어 자신이 상처받았다는 것조차 느끼지 못한 채 어른으로 성장하게 된다. 결국 가슴속에 부정적인 감정을 품고 있으면서도 마지못해 끌려가고 마는 것이다.

분노를 조절하기보다 마주하기

이렇게 이미 타자중심에 빠지게 되면, 타인과 주변의 부정적인 부분만 포착해서 끊임없이 화난 상태가 지속될 수밖에 없다. 만약 당신이 원인 모를 분노에서 헤어나지 못하고 있다면 그것은 과거에 혹은 지금도 무의식중에 수없이 상처를 받고 있기 때문이다. 결국 쌓일 대로 쌓인 분노의 감정을 아무리 관리하고 조절하려 해도 도저히 버텨낼 수가 없게 되는 것이다.

또한 자신의 분노를 억지로 꺾어 잠재우려는 행위는 자신의 마음을 완전히 무시하는 폭력 행위, 그 자체라 할 수 있다.

자신에게 폭력을 휘두르면 절대 분노에서 벗어날

수 없다. 분노의 감정이 생기는 것은 '자신을 소중히
여기지 않고 사랑하지 않는다'는 원인이나 이유가 어
딘가에 잠재해 있기 때문이다. 그런 의미에서 분노의
감정은 '자신의 무의식이 보내오는 메시지'라 할 수
있다.

물론 분노뿐만이 아니다. 긍정적인 감정이든 부
정적인 감정이든 모든 감정은 '자신을 사랑하기 위해
보내는 메시지'인 셈이다.

따라서 부정적인 감정이 생겼을 때는 그것을 억
누르거나 무시하지 말고 그때그때 자신의 감정과 마
주하며 그 원인이나 이유를 깨닫고 문제를 해결하기
위한 구체적인 방법을 찾아야 한다. 그 방법을 깨닫
는 동시에 자신의 감정을 해소해나간다면 그 자체로
'자신을 사랑하기 위한 과정'이 될 수 있는 것이다.

'인내'를
내 편으로 만들면

**스트레스가
없어진다**

참고 견디느라 속이 부글부글 끓는 사람들

화를 잘 내는 사람들도 알고 보면 참고 있는 것이다?

다수의 의견과 다른 발언을 했다는 이유만으로 비난의 대상이 되거나 남들과 다른 행동을 했다는 이유만으로 집중 공격을 당하는 등 언제부터인가 사회 전반적으로 부정적인 분위기가 만연하다.

길에서 혹은 혼잡한 전철역 등에서 오가는 사람과 부딪히기만 해도 한바탕 싸움이 일고, 가게 점원에게 궁금한 사항에 대해 질문을 했을 뿐인데 마치 내가 클레임이라도 건 것처럼 불쾌한 표정을 드러내는 일도 적지 않다.

이와 같은 사회의 분위기는 한마디로 말해 많은 사람들이 참고 있기 때문이다. 참고 견디는 것은 을의 입장에 있는 사람들뿐만이 아니다. 지배적인 사람, 공격적인 사람, 걸핏하면 성질을 내는 사람 등 갑의 위치에 있는 사람들 역시 마찬가지다.

이러한 사람들은 제 할 일은 제쳐놓고 불평만 쏟아낸다. 얌전히 따르지 않으면 금세 감정적이 되어 기분 내키는 대로 말하고 행동하기를 서슴지 않거니와 남에게 폐가 되든 말든 아랑곳하지 않고, 항상 일방적으로 강요하고 자신에게 불리한 일에는 대답조차 하지 않는다. 또한 자신의 잘못이 명백한데도 결코 사과하지 않는다. 아마 당신 주변에도 이런 사람이 있을 것이다.

하지만 이렇게 막무가내로 행동하는 것처럼 보이는 그들도 스스로는 '참고 견디고 있다'고 생각한다.

그들 대부분은 "(나도 참고 있는데) 네가 화를 돋우잖아!" 하고 주장한다. "너희 때문에 힘들어도 참고 있단 말이야!"가 단골 멘트이기도 하다.

주변 사람들 눈에는 "버릇없고 제멋대로에 남의 말에는 귀 기울이지 않는 저런 사람들도 참고 있다는 말인가요?" 하고 따져 묻고 싶을 만한 사람조차도 저 혼자만 참고 있다고, 할 말은 많지만 참고 있다고 생각한다. 또 불만이 있어도 상대의 의견에 따르고, 부탁을 받으면 도저히 거절하지 못한다고 생각하며 인내하고 있다고 생각한다. 결국 모든 사람들이 스스로가 참고 인내하고 있다고 여기는 것이다.

속이 부글부글 끓는 것은 참고 견디고 있는 탓

예로부터 동양의 대표적인 문화 중 하나는 '인내의 문화'라 할 수 있다. 우리는 집과 학교, 회사에서 접하는 모든 상황에서 '참고 견디는 것'을 당연하게 받아들여 왔다.

- ☑ 인내하지 않으면 남들과 잘 지낼 수 없다.

- ☑ 인내하지 않으면 사회인으로서 실격이다.

- ☑ 이 정도도 못 참아서야 되겠는가.

- ☑ 참고 일하면 노후가 행복해진다.

많은 사람들이 이와 같은 말을 들어본 적이 있을 것이다. 그렇다면 시대가 변하고 발전하면서 인내 역시 달라졌을까? 안타깝게도 전과 크게 달라지지 않은 듯하다. 우리는 여전히 다음과 같은 말을 들으며, '인내'가 사회의 덕목처럼 여겨지는 사회에 살고 있기 때문이다.

- ☑ (인내하며) 남들과 맞춰야 한다.

- ☑ (인내하며) 사회에 적응해야 한다.

- ☑ (꾹 참고) 사회 규칙에서 벗어나면 안 된다.

- ☑ 언짢은 일이 있어도 (참고 견뎌야지) 사회 질서를 어지럽혀서는 안 된다.

또한 학교에서 역시 다음과 같은 교육을 받으며 따르고 있다.

- ☑ 다 같이 사이좋게 지내야 한다.
- ☑ 서로 도와야 한다.
- ☑ 공부를 열심히 해야 한다.
- ☑ 모두에게 폐를 끼쳐서는 안 된다.

만약 당신이 이와 같이 인내하며 살아왔고 살아가고 있다면, 지금 당신의 삶은 어떠한가? 매 순간 보람을 느끼며 충만함으로 가득한 삶을 살고 있는가? 희망으로 가득한 미래를 꿈꾸며 생기 넘치는 하루를 보내고 있는가?

아니면, 매일 '인내해야 하는 것'들을 가득 떠안고 부글부글 끓는 심정으로 조바심을 내며 살고 있지는 않은가?

참고 견디는 것이 버릇이 되면

'참고 견디는 것이 당연한 것'이라고 배워 온 한 아이가 수업 시간 중 화장실에 가고 싶어졌다고 하자. 아이는 화장실에 가고 싶지만, 수업 중이라 참아야 한다고 생각한다. 참으면 참을수록 더욱 긴장이 되어 참기가 힘든데도 결코 화장실에 가고 싶다는 말을 하지 못한다. '참고 견뎌야 한다'는 생각이 머릿속에 박혀 있기 때문이다. 또 평소 참는 것이 버릇이 된 터라 화장실에 가고 싶다는 말을 어떻게 전달해야 할지 막막하기만 하다. 자신의 기분을 표현하는 방법을 가정에서조차 배울 기회가 적기 때문이다.

대부분 참고 견디는 사람들은 말로 전하기가 부끄럽거나 두렵고 당황스러워 마지막까지 참으려고 하는 경향이 있다. 그사이 의식은 소변을 참는 데 집중되어 수업 내용은 하나도 머릿속에 들어오지 않는다. 심하게는 결국 참지 못하고 소변을 지리게 될 가능성도 높다.

그렇게 되면 어떻게 될까? 주변 반응에 따라 어린 나이에 상처를 입게 될 수도 있다. 소변을 참지 못해 창피를 당했다는 생각에 자신을 부끄러워하고 자책하게 될 것이다. 이는 결코 어린 시절의 이야기만은 아니다.

'태풍이 와도 회사를 쉬면 안 된다'는 굳은 생각

참고 견뎌야 한다는 생각을 그대로 가진 채 사회

인이 되면, 회사에서도 마찬가지의 일을 겪게 된다. 어느 날 감기에 걸려 몸을 움직이기도 힘들 정도로 열이 나고 아픈데도 회사에 가야 한다고 생각하게 될 것이다.

오늘 하루쯤 쉬어도 괜찮을까 생각하다가도 다음과 같은 이유들로 불안해지기 시작한다.

- ☑ 지금 회사가 몹시 바쁘니까.
- ☑ 나를 대신할 사람이 없으니까.
- ☑ 동료에게 폐를 끼칠 수는 없으니까.
- ☑ 다른 사람들이 내가 농땡이를 부린다고 생각하면 어떡하지?
- ☑ 동료에게 일을 맡겼다가 내 업무 속도가 느리다는 것이 들통나면 어떡하지?
- ☑ 동료에게 일을 맡겼다가 내 업무 능력이 형편없다고 생각하면 어떡하지?

태풍이 도심을 강타하고 교통이 중단되었음에도

불구하고 출근하기 위해 집을 나서는 사람이 적지 않다. 지하철 등의 운행이 중단되고 복구에 얼마나 시간이 걸릴지 모르는 와중에도 교통이 복구되기를 기다리는 직장인들로 긴 행렬을 이루는 모습을 본 적 (직접 겪었거나)이 있을 것이다.

회사에서는 출퇴근 여부를 알아서 판단하라고 하지만, 회사에 대한 충성심을 시험받을지도 모른다고 생각하면 오히려 '반드시 출근해야 한다'고 마음먹게 되는 것이다.

태풍이 오는 날조차 이런 마음가짐이라면, 평소 누구나 '일이니까 무리하는 것이 당연하다'고 굳게 믿는 것이 전혀 이상하게 보이지 않을 것이다.

긍정적인 의식이 생산성을 높인다

과연 일은 그래야 하는 것일까? 그렇다면 여기서 만약 당신이 '자기중심 경영자'라면, 한 사원이 '지금 회사가 몹시 바쁘고 나를 대신할 사람이 없는 데다

동료에게 폐를 끼칠 수 없어서 쉬지 못하는 상황'이라고 한다면, 어떻게 생각하는가?

　사원 한 명이 빠지면 회사 업무가 마비되는 경영을 하겠는가? 경기가 나빠서 매출이 오르지 않으니 적은 인원으로 고생하고 있는 경영을 하겠는가? 물론 이해할 수는 있다. 실제로 그런 회사는 많으니까. 하지만 만약 사원 한 명이 빠지더라도 서로 보충하여 업무에 지장이 없도록 지원해주는 회사라면 사원도 마음에 여유를 갖고 일할 수 있을 것이다.

- ☑ A 회사 - 한 명 더 채용하면 사원끼리 서로 도와가며 긍정적인 의식으로 일할 수 있다.
- ☑ B 회사 - 인원을 늘릴 여유가 없다. 회사가 너무 바빠서 다들 신경이 곤두서 있지만 참고 극복할 수밖에 없다.

　A와 B 회사 중 결과적으로 어느 회사가 더 생산성이 높아질까? 생산성은 특히 회사의 분위기가 긍

정적인지 부정적인지 여부로 큰 차이를 보인다. 회사의 분위기가 긍정적일수록 긍정적인 것을 선택할 확률이 높으며, 반대로 부정적인 분위기일수록 부정적인 것을 선택할 확률이 높아진다. 또한 사원 한 명 한 명이 긍정적인지 부정적인지 여부가 전체적인 회사의 분위기를 바꿀 수 있다.

꾹 참으면서 일하다 보면 결국에는 불평불만이 쌓이게 된다. 그렇게 사원 한 명의 불만이 또 다른 사원의 불만으로 이어지고, 종국에는 걷잡을 수 없을 정도로 부정적인 분위기가 팽배해진다. 어떤 결과가 나올지는 충분히 짐작할 수 있을 것이다.

물론 그 악영향이 사회의 형태가 될 때까지는 오랜 세월이 걸리겠지만, 작은 조직이나 회사라면 그 폐해가 순식간에 나타난다. 아무리 실적을 올리려 해도 그곳에 근무하는 사람들의 의식이 부정적이라면 서로 발목잡기나 다툼이 일어나 온갖 문제가 터져 나올 테니 말이다.

　반대로 회사에 근무하는 사람들의 의식이 긍정적
이라면 서로 협력하고 함께 나아가기 때문에 다소 생
산성과 실적이 저조하더라도 차츰 회복해갈 수 있다.
시간이 흐를수록 그 차이는 더욱 분명해질 것이다.

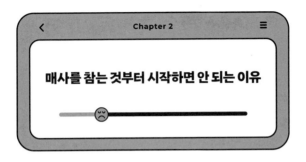

매사를 참는 것부터 시작하면 안 되는 이유

참는 것은 내 마음을 무시하는 행위

직장인 중 '일하고 싶다'는 마음으로 출근하는 사람이 얼마나 될까. 아마 대다수가 '일하지 않으면 안 된다'는 책임감과 의무로서 일하고 있을 것이다.

만약 한 가정의 주부라면 몸 상태가 좋지 않아 아침에 일어나기 힘들어도 아이와 남편을 위해 참고 일어나 아침밥을 차리고 출근 준비를 도와줄 것이고, 또한 워킹맘이라면 출근하기 위해 어린아이를 데리고 어린이집에도 데려가야 한다. 엎친 데 덮쳐 아이가 아침밥을 먹지 않겠다고 칭얼거리거나 조금이라도 떼를 쓰면 산더미처럼 쌓인 일에 제동이 걸리게 되고, 결국 부모는 짜증을 내면서 아이를 재촉할 수밖에 없을 것이다.

이렇듯 아이는 울든 소리를 지르든 상관없이 이르면 한 살 때부터 참는 것을 배우게 된다. 참아야만 하는 상황 속에서 자연스럽게 참는 것이 옳은 일이라는 인식을 갖게 된다. 하지만 참는다는 것은 '자신의 마음을 무시하는 것'과 같다.

나의 진짜 감정을 놓치고 살아간다면

오늘날 사회는 결코 온전하다고 할 수 없을 정도로 위태롭다. '참고 견디며 잠자코 시키는 대로 하는 것'이 우선시되는 사회라면, 자연스럽게 사람의 마음을 무시하게 되므로 불평불만과 울분이 쌓이는 건 당연한 일이다.

사회의 바람직한 모습 그 자체가 근본적으로 잘 못되었다고 할 수 있다. 모든 일을 '참아야 한다'에서 시작하면 '잠자코 시키는 대로 한다'가 우선시되니 말이다.

- ☑ 이 장소에서는 ○○을 하면 안 된다.
- ☑ 여기서는 ○○을 해야 한다.
- ☑ ○○을 하려면 ○○을 해야 한다.

이와 같이 금지와 의무, 조례와 벌칙이 늘어나면서 사방이 온통 규칙뿐이라 길을 걸을 때도 뭔가 위반하지 않았는지 조심할 지경에 이를 만큼 점점 자유롭게 움직이지도 못하는 사회가 되고 있다. 나아가 사회뿐만 아니라 '나도 사회에 맞추고 시키는 대로 해야 한다'라는 생각이 자리를 잡으면 점점 더 자신의 목을 조르게 된다.

그뿐만이 아니다. 마치 매일 할당량이 부과된 듯

한 생활을 하다 보면 자신의 마음을 살펴볼 여유조차 없다. 피곤하고 몸 상태가 좋지 않아도, 마음이 괴롭고 슬퍼서 의욕이 나지 않아도, 꾹 참고 자신의 몫을 채워야 할 테니까.

그렇게 참기만 하다 보면 어느새 남의 시선과 겉모습에는 신경이 쓰여도 정작 중요한 나의 감정은 차츰 보이지 않게 된다.

하지만 자신의 감정을 보지 못하더라도 내가 느끼는 부정적인 감정이 사라져 없어지는 것은 아니다. 무의식에서는 또렷하게 느끼고 있기 때문에 그것이 해소되지 않는 이상 쌓여갈 뿐이다. 그 때문에 끊임없이 속이 부글부글 끓고 화가 나는 것이다. 결국 그것이 버릇이 되어 늘 표정과 태도에서 화가 난 것처럼 보이는 사람도 적지 않다.

강압적인 사람, 일방적인 사람, 제멋대로인 것처럼 보이는 사람들 역시 마찬가지다. 예를 들어 타자중심의 사장이 '월급 받는 만큼 일을 못하고 있군. 왜 이런 녀석에게 내가 월급을 줘야 하지?', '불평할 시간 있으면 냉큼 일이나 할 것이지' 하고 생각하고 있다면, 사장 역시 회사 직원을 위해 '참고 있을 것'이기 때문이다.

타자중심이 되면 모든 일에서 득과 실을 따지게 될 수밖에 없다.

참는다는 것은 이른바 '고통'이다. 고통을 느끼면서 잠자코 시키는 대로 하다 보면 '일을 하길 잘했어' 하는 보람찬 기분을 느낄 수 없는 건 지극히 당연한 일이다.

- ☑ 저 사람은 번거로운 일만 나한테 떠넘긴다.
- ☑ 손해 보는 일은 죄다 나한테 시킨다.
- ☑ 선배랍시고 명령만 해댄다.

이와 같이 직원은 직원대로 '떠맡고 강요받고 있

다'는 느낌이 들어 불평불만을 품을 수밖에 없다.

참는다는 것은 '타자중심'의 상징적인 행동

자기중심 심리학에서 '참는다'는 것은 매우 중요한 키워드다.

가령 '나는 ○○을 하고 싶다' 혹은 '하고 싶지 않다'고 느꼈을 경우, 그런 기분이 들었는데도 곧바로 '○○을 하면 안 된다' 혹은 '해야만 한다'고 자신의 기분을 부정한 순간 의식은 외부로 향하고 만다. 또 머리로 생각하기도 전에 습관처럼 '잠자코 따라야 한다'는 생각에 사로잡힌 순간 역시 마찬가지다.

내 의식이 자신에게서 외부로 향하면 내 기분과 욕구에 따른 행위로 마음을 충족하려 하기보다 자동으로 꾹 참고 따르게 되는 것이다. 자기중심에서 타자중심으로 전환되는 사이에 '참는다'라는 의식을 상징적으로 두는 것은 이런 이유에서다.

참고 견디면서 타자중심이 되면, 나 자신이 스스로를 인정하려하는 자기승인보다 타인에게 인정받을 때까지 '꾹 참고 자신을 억누르고 노력해야 한다'는 타자승인에 얽매일 수밖에 없다.

나의 가치를 스스로 결정하지 못하고 타인이 그 가치를 매겨줘야만 비로소 인정받고 안심하는 상태가 되는 것이다. 나아가 결국 타인에게 인정받지 못하면 불안해서 견디지 못하는 지경에 이르고 만다.

많은 사람들이 이런 타자승인 상태에 빠져 있다. 자신의 마음에 소홀해지고 결국에는 지금 자신의 감정이 어떤지조차 알지 못하게 된다. 참는 것이 더 당연해질수록 참는다는 자각은 있을지언정 그 고통을 견디려 하는 것이다. 그 결과 어떻게 될까?

심리적으로 '저 사람은 ○○을 하지도 않는데 왜 나만 해야 하는 걸까?' 하고, 다른 사람이 자신과 다르게 행동하는 것을 보면 용납이 되지 않고 화가 날 것이다. 자신이 일반 상식에 얽매여 있으면 자기 기준에서의 '상식 밖의 사람'에게 불만과 분노를 느끼게 되는 건 당연하다. 이러한 측면에서 보면 상식 밖의 행동으로 빈축을 사는 사람 역시 인내심의 한계에 도달한 사람일지도 모른다.

'사실 나는 어떻게 하고 싶은 걸까?'

그런 부정적인 타자중심 의식은 해소되지 않은 채 마음속 깊이 쌓이기 때문에 그것을 자각하든 못하든 상관없이 단숨에 쏟아버리고 싶은 충동에 휩싸이게 된다. 온라인상에서 상대에게 근거 없이 비방을 하거나 특정인에게 악플 공격을 일삼는 일이 늘어나는 것도 다양한 감정을 해소하지 못한 사람들이 늘어나고 있다는 방증이기도 하다.

우리는 일반적으로 '인내심이 강한 사람'을 높이 평가하고 있다. 하지만 과연 그럴까? 인내심이 강하다는 것은 타인의 공격이나 비난을 잘 견딘다는 뜻이기도 한데, 그렇다면 그런 사람들은 오히려 '스스로를 상처 입히고 있는 상태'라고 말할 수 있다.

즉 참는다는 것은 '자신의 생각이나 마음을 따르지 않은 상태'이므로, 끊임없이 인내하다 보면 계속해서 자신의 마음을 무시하고 배신하며 스스로를 상처 입히기 때문에 느닷없이 감정적이 되고 분노하며 냉정함을 잃고 공격적이 되는 것이다.

앞서 말했듯이 감정은 자기 자신에게 보내는 정보이자 신호로써 자기중심적인 관점에서 참는다는 것은 '자신의 생각이나 마음을 따르지 않고 있다'라는 나를 위한 정보로 받아들일 수 있다. 요컨대 인내는 나 자신이 스스로를 소홀히 대하고 있다는 무의식이 보내온 메시지인 것이다.

따라서 자신이 참고 있다는 것을 깨닫게 되면 그대로 참는 것이 아니라 자신의 마음으로 되돌아가서 '사실 나는 어떻게 하고 싶은 걸까?' 하고 스스로에게 물어보는 것이 중요하다.

나의 진짜 감정을 깨달으면 행동의 길이 보인다

앞서 이야기한 내용을 토대로 정리해 보면, '나의 진짜 감정'을 깨닫기 위해서는 우선 자신을 상처 입히기보다 '자신의 뜻에 따른 선택'을 하기로 마음먹는 것이 중요하며, 나아가 참지 않기 위해 자신이 참으려 하는 순간을 알아차려야 한다. 어떤 순간에 내가 참으려 하고 참아 왔는지를 깨닫게 되면, 그 순간이 왔을 때 '사실 나는 어떻게 하고 싶은 걸까?' 하고 스스로에게 물어볼 수 있게 된다.

이때 타자중심에서 자기중심으로 돌아갈 수 있고, '나 자신을 위해 인내하지 않고 해결하기 위해서는 어떻게 해야 할까?' 하고 생각할 수 있게 된다.

가령 그것은 참지 않기 위해 부탁받은 일을 거절하는 것이 될 수도 있다. 그때 '나는 거절하기가 두려워서 꾹 참고 받아들였던 거구나' 하고 깨닫게 된다.

그럴 경우 자신이 '거절하는 것을 두려워한다'는 것을 깨닫는 것만으로도 좋다. '거절하는 것을 두려

위한다'는 인식이 있으면, '두렵긴 하지만 앞으로는 거절하는 것을 목표로 하자' 하고 결심할 수 있기 때문이다.

보통 인내심이 강하거나 쉽게 감정적이 되는 사람들은 발끈하고 싸우거나 상관없는 상대에게 감정을 터뜨리는 일은 있어도 상대와 싸우지 않고 마주하는 경험은 매우 부족하다. 그렇기 때문에 상대와 차분하게 마주하고 냉정하게 대화하는 것에 서툴다. 그들 입장에서는 가장 무서운 일이기 때문에 그들이 으르렁대지 못하도록 만들면 그들 스스로 고스란히 공포를 자각하게 만들 수 있다.

그러므로 우선 자신이 참고 견디고 있다는 것을 깨달았을 때 '사실 나는 어떻게 하고 싶은 걸까?' 하고 물어보고, 내 마음의 기분과 욕구에 귀를 기울이는 것이 중요하다. 이것만으로도 당신은 자신을 사랑할 수 있게 된 것이다.

Chapter 3

'경쟁심'을
내 편으로 만들면

**성과가
나타난다**

지나친 경쟁심은 부정적인 감정을 부른다

누군가를 이기고 싶다는 생각이 강하면 강할수록 상대나 주변 일에만 신경 쓰여 경쟁심만 커져간다. 그러다 상대가 나보다 더 뛰어나다고 인식한 순간 곧 질투심이 생긴다. 그 속에는 지고 싶지 않다는 마음과 함께 '졌다'는 마음도 공존한다.

물론 질투심은 누구에게나 있는 감정으로, 결코 그런 감정을 느껴서는 안 된다는 것은 아니다. 질투심이 생기더라도 긍정적인 마음만 있다면, 상대의 장점을 인정하고 순수하게 평가할 수 있다. 또 질투심을 긍정적으로 활용하면 자신을 끌어올리는 원동력으로 삼을 수도 있다. 상대와 서로 돕고 노력하며 경쟁하면서 함께 성장할 수 있기 때문이다.

그러나 이런 타자중심의 경쟁심은 긍정적인 영향을 끼치지만, 경쟁심이 강해질수록 상대와 나를 끊임없이 비교하기 십상이다. 특히 인내심이 강하면 앞서 말했듯이 자신의 의식이 타인을 향해 뻗어나가기 마련이다.

타자중심일수록 상대에게 더 얽매이게 되는데, 자신이 상대보다 뛰어난 상태라면 이에 우월감을 느끼거나 거만한 시선으로 보는 등 경시하는 태도를 취해서 공연히 분쟁의 불씨만 더 퍼뜨리게 된다. 반대로 졌다는 생각이 들면 즉시 분하고 억울해져, 반발심으로 인해 마음이 뒤틀리고 질투를 느끼게 된다.

이것이 질투심의 정체다. 이때 상대편이 부당하게 우대받고 있거나 불공평하다는 생각이 솟구치면 착잡한 심경에 휩싸이게 된다. 또 질투심을 느끼면서도 '졌다'는 의식이 열등감으로 이어질 게 분명하다.

나아가 상대와 나를 비교하다 보면 상대의 언행이 신경 쓰여 부정적인 감정이 커지기 때문에, 부정적인 감정으로 상대를 의식하면서 마음속에서 상대를 부정하고 탓하고 공격해버리는 것이다.

이때 자신의 생각이 정당한지의 여부는 중요하지 않다. 마음속에서 상대를 부정적인 감정으로 의식한다는 것 자체가 곧 '인내'이다. 질투와 미움, 원망도 마찬가지다. 참고 견디는 상태이기 때문에 그것만으로도 부정적인 감정이 생겨난다.

이와 같이 계속해서 생겨나는 부정적인 감정을 해소하지 못하면 곧 '분노'가 되어 더욱 공격적인 감정으로 치닫게 된다.

결국 공격적인 감정을 참지 못하고 누군가에게 터뜨리는 순간 싸움이 일어나고, 싸움은 어떤 상태이든 공포를 야기한다. 싸워서 이겼다 할지라도 공포를 품는 것에는 변함이 없다.

따라서 우리는 싸우고 싶은 감정을 억누르려 하지만, 그런 인내는 부정적인 감정을 증폭시킬 뿐이다. 그렇다고 해서 실제로 상대와 싸우게 되면 공포는 또 다른 공포를 불러일으키면서 악순환에 빠져버리고 만다. 인내와 분노와 공포는 한 세트로써, 참고 견딘다는 것은 자기 내면에 분노와 공포를 끊임없이 생산해내는 것이나 다름없다.

"마음에 들지 않으니 그만두게 하고 싶어요!"

상담을 하던 중 한 여성으로부터 이런 질문을 받았다.

"서로 상대의 자유를 인정해야 한다는 건 알겠습니다. 그런데 남편이 자유롭게 행동하는 것이 불쾌해도 남편에게 그만두라고 말하면 안 되는 걸까요?"

이는 단순히 부부 사이에만 국한된 것이 아니다. 부모 자식 관계, 직장 내 인간관계, 친구 관계에서도 해당한다.

또 이러한 질문도 자주 받곤 한다.

"상대가 내 마음에 들지 않는 행동을 하면 용납이 되지 않아요. 그만두게 하려면 어떻게 해야 하나요?"

우선 상대의 언행이 내 마음에 들지 않는다고 해서 그것을 그만두게 하고 싶다고 생각하는 자체가 지배적인 발상이라 할 수 있다. 서로 마음에 들지 않는 것이 있더라도 그것을 강제로 그만두게 할 수는 없다. 오히려 그런 발상이 떠올랐다면 애초에 감정적으로 싸우고 있는 상태라고 할 수 있다.

앞서 이야기한 부부의 경우를 살펴보면, 어째서 남편은 아내가 싫어하는 행동을 하는 것일까?

아내가 싫어한다는 것을 분명히 알면서도 남편이 행동을 멈추지 않는다면, 남편은 이미 아내에게 보복적인 심리가 작용하고 있다고 할 수 있다.

물론 그렇게 해서 상대가 '(자신이 봤을 때) 불쾌한 언행을 한다'고 한다면 두 사람은 이미 '대화가 통하지 않는 관계'가 되었다는 뜻이다. 혹은 일방 또는 쌍방 모두 '대화가 통하지 않는다'고 마음대로 생각하고 있을지도 모른다.

두 사람이 그런 적대 관계라면 아내가 "그만해!"라고 말할수록 남편은 그만둘 수가 없게 된다. 아내의 말에 잠자코 따르면 남편은 적에게 항복하는 셈이 될 테니 말이다. 즉 애초에 남편은 '아내가 싫어하는 일을 하는 방법'으로 저항하고 있기 때문에 그만둘 수가 없는 것이다.

또한 아내가 싫어하는 일을 그만두지 않는 것이 무언의 보복이 될 수도 있다. 남편이 자각한 상태인지 무자각한 상태인지는 문제되지 않는다. '의식'의 세계라는 관점으로 해석하면 본인이 의식하지 않아도 '하고 있는 행동'을 사실로 간주하기 때문이다. 또 무의식중에 보복하면 죄책감을 느끼지 않아도 되는 이점도 있다.

왜 대립하고 보복을 반복하게 되는가

상대의 자유를 서로 인정하지 않는다

그렇다면 왜 그러한 방법으로 보복을 하는 것일까? 바로 참고 견디고 있기 때문이다. 물론 피차일반 서로 '상대의 자유를 인정하지 않는 관계'가 되어버렸으니, '남편이 아내가 싫어하는 일을 한다'는 것은 단순히 하나의 일뿐만이 아니다. 남편이 하는 일을 아내가 반대하고 있기는 하지만, 아내가 반대하기 때문에 일부러 그 일을 하는 것처럼 다양한 상황에서 대립하고 있을 것이다.

사실 남편 입장에서 보면 아내도 '남편의 마음에 들지 않는 일'을 하고 있는 셈이다. 이렇듯 보복을 반복하는 원인을 캐보자면 서로 '상대의 자유'를 인정하지 않고 참고 견디고 있기 때문이다.

가정에서도 직장에서도 다음과 같이 인내가 분쟁의 씨앗을 뿌리고 있다.

- 나는 열심히 노력하고 있는데 저 사람이 게으름 피우는 것은 용납할 수 없다.
- 나는 파견직인데 정직원처럼 일을 맡기는 것은 참을 수 없다.
- 참고 견디면서 집안일을 하고 있는데 당신이 쉬는 꼴은 아니꼬워 못 보겠다.
- 참고 견디면서 직장을 다니고 있는데 가족이 잔소리를 하면 속이 부글부글 끓는다.
- 참고 견디면서 절약하고 있는데 가족이 돈을 낭비하면 화가 난다.

개와 고양이의 싸움

상대와의 관계가 건전하면 적어도 대화는 가능할 테지만, 서로 미워하면 아무리 대화를 해도 서로에게 '자신의 주장을 관철하는 것'이 목적이기 때문에 결국 말다툼으로 이어지고 만다. 겉으로는 대화라는 체재를 취해도 싸움이 목표가 되면 설령 자신의 주장을 밀고 나갔더라도 만족할 수 없는 것이다.

자신의 관점에서 보면 '내가 옳은 것'처럼 보이지만, 말다툼이 목표가 되는 순간 옳고 그른 것은 중요하지 않다. 그저 싸워서 상대를 때려눕히기 위해 편의적으로 말을 이용하고 있을 뿐이다.

이유는 필요 없다. 공정하지도 않다. 논리적이어야 할 이유도 없다. 논지의 옳고 그름이 아니라 상대가 자신에게 반대하는 것, 따라주지 않는 것, 거부하고 거절하는 것을 용납할 수 없는 것만이 중요해지고 만다.

마치 개와 고양이의 싸움과 같다.

"멍, 멍, 멍."

"야옹, 야옹, 야옹!"

"멍, 멍, 멍."

"야옹, 야옹, 야옹!"

"멍! 멍! 멍!"

"야옹!! 야옹!! 야옹!!"

"멍!!! 멍!!! 멍!!! 멍!!!"

이런 식으로 상대의 부정적인 감정에 반응해서 서로의 감정을 증폭시키기만 할 뿐이다. 물론 싸우고 있는 셈이니 상대에게 질 수는 없는 노릇이라 아무리 상대가 옳다 해도, 아니 오히려 상대가 옳을수록 더 인정하기가 어려워진다. 그것을 인정해버리는 순간 '내가 졌다'고 인정하는 셈이 될 테니까.

우리는 패배를 상상하면 두려워지곤 한다. 패배

한 순간 영원히 상대 앞에서 떳떳하지 못하리라는 두려움을 느끼게 되는 것이다. 따라서 절대로 지고 싶어 하지 않는다.

물론 이런 싸움을 계속한다고 해서 문제가 해결될 리 없다. 하지만 싸우는 사람들 입장에서는 문제의 해결보다 최소한 '양보할 수 없는 결과'가 되는 편이 패배하지 않고 넘어갈 수 있기 때문에 더 편리하다.

참고 견디다 보면 이렇듯 감정을 억누를 수 없을 뿐만 아니라, 참는 것이 반복되는 사이 '싸움'이 목표가 되어 골칫거리가 되고 만다. 그것이 오늘날 사회에 만연한 '중상 비방(中傷誹謗)'과 '악플', '혐오 공격', '집단 공격' 현상에 고스란히 드러나 있다고 할 수 있다.

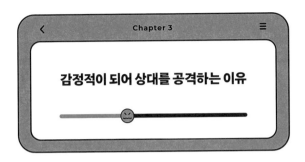

감정적이 되어 상대를 공격하는 이유

참는다는 것은 행동하지 않는다는 것

'인내심이 강하다'는 것은 결코 의지가 강하다는 뜻이 아니다. 물론 곤경에 빠져도 견뎌내는 힘은 길러질 것이다. 그러나 앞에서 설명했듯이 참고 견디는 것은 동시에 '공포'를 야기한다. 그 때문에 다음과 같이 행동하게 되는 것이다.

- ☑ 무서워서 아무것도 주장하지 못한다.
- ☑ 무서운 상대의 말은 잠자코 따른다.

91 ☺

- ☑ 스스로 행동하고 상황을 바꾸기보다 그 환경을 꾹 참고 견디려 한다.
- ☑ 그렇기 때문에 고립될까 봐 지나치게 두려워하기도 한다.

공포 때문에 지금 자신이 처한 환경이 부적절하더라도 오로지 견딤으로써 문제를 피하려는 것이다. 이것이 강한 인내심의 정체다. 때문에 자신의 기분과 감정, 욕구를 충족시키지 못하는 동시에 참고 견딜수록 순간의 울분이 쌓여 분노와 증오로 전환되기 십상이다.

심하게는 그런 상황에서 행동을 하지 못하면 스스로 '능력이 없다'고 믿게 된다. 단적으로 말해 참고 견디는 것은 '행동하지 않는 것'을 뜻하기 때문이다.

하지만 상대를 마음속으로 공격했다고 해서 행동력이 생기는 건 아니다. 스스로에 대한 자신감은 실제 행동 속에서 생겨난다.

오히려 참고 견디는 그 자체가 행동력을 빼앗고 무력함을 가져온다. 행동을 하고 싶어도 참고 견디면서 분노를 불태우기만 해서는 자신의 진짜 기분과 감정, 욕구를 알아차리지 못한다. 그렇게 되면 나를 위해 행동하는 것조차 불가능해지고 만다.

애초에 그렇게 '참고 견딘다'는 것은 자신의 기분과 감정, 욕구를 무시한다는 점에서 이미 '나 자신을 상처 입히고 있는 것'이니 말이다. 그럼에도 불구하고 '나 자신을 상처 입힌다'는 것조차 깨닫지 못하고 있다면, 과연 어떻게 스스로를 지킬 수 있을까?

결국 우리는 진정한 만족감과 충족감을 얻지 못하고 마음에 응어리진 것을 풀지 못하는 탓으로 상대에게 분노와 증오를 터뜨리며 분쟁의 불씨를 키워 불모의 싸움에 나서고 있는 것이다.

감정적이 되었을 때 얻는 것

싸움을 하는 사람들은 제 딴에는 '참고 견디려'

하더라도 타인이나 외부에서 벌어지는 일에 얽매여 있기 때문에 실제로는 자기도 모르는 사이에 남에게 상처를 입히곤 한다. 그러면서도 정작 자신의 언행에 대해서는 제대로 인지하고 있지 않다.

감정적이 되어 타인을 공격하는 것은 자신이 상처를 받았으니 타인에게도 그렇게 하지 않고서는 못 배기기 때문이지만, 그렇게 할수록 자신 또한 상처를 받게 된다. 스스로 깨닫고 있지 못할 뿐이다.

그런데도 왜 많은 사람들은 스스로 싸움을 거는 것일까? 그 이유 중 하나는 차분하고 평화적으로 대화하지 못하기 때문이다. 감정적이 되기 전에 차분하게 대화하면 좋겠지만, 이제껏 차분하게 대화를 통해 해결해 본 경험이 없다면 쉽지 않은 일이다. 또 이미 참고 견디고 있는 상태라면 상대를 경계하거나 두려움을 느끼고 있기 때문에 더욱 적대감이 들 테니 말이다.

감정적인 상태로 의견을 주장하면 상대 역시 부정적인 반응을 보이기 때문에, 관계가 악화될 것은 자명한 일이다. 아마도 이렇게 '마음에 상처를 입는 경험'을 숱하게 겪어 왔을 테고, 이러한 경험은 나뿐만 아니라 상대에게도 상처를 주기 때문에 경험이 많을수록 더욱 참고 견디려 할 것이 뻔하다.

타자중심에 빠지면 타인에 대해 부정적인 견해밖에 가질 수 없기 때문에 더욱 참지 못하게 되고, 결국에는 나도 모르는 사이 감정을 폭발시키고 만다. 이러한 감정 폭발은 한편으로는 자신의 주장을 쉽게 내세울 수 있어서 착각하기 쉽다.

가령 그 전까지는 싸우면 상처를 입을까 봐 두려워 참았지만, 이내 인내심의 한계에 도달하여 화가 머리끝까지 뻗치는 지경이 되면 혹시라도 싸움이 날까, 의견을 어떻게 주장해야 할까 하는 두려움은 한순간에 깡그리 사라진다. 자신의 감정이 두려움을 이기면 상대에게 참아왔던 것을 터뜨릴 수 있게 된다. 이런 식으로 감정적이 되면 두려움은 흔적도 없이 사라진다. 본인의 의견을 주장하는 것에 대해 두려워하는 사람 입장에서는 '공포'가 사라져 없어진다고 생각할 수 있는 것이다.

또한 고함을 지르는 것으로 상대를 겁주고 협박할 수도 있다. 상대가 고함소리에 위축되어 굴복하면 유무를 막론하고 상대를 복종시킬 수 있다고 생각하는 것이다. 그 이후에는 고함을 지를 필요도 없이 으르렁 소리 한 번이면 상대는 떨면서 복종하게 되고, 그렇게 자신에게 복종하고 잘 따르면 사탕을 주면서, 스스로 도취되고 마는 것이다.

타인에 대한 공격은
문제의 본질을 감출 뿐이다

싸우면 싸울수록 손해

싸움은 모든 일을 판단하고 결정하는 데 있어 눈을 흐리게 한다. 바로 다음의 예를 통해 확인할 수 있다.

A 회사와 B 회사는 신뢰 관계보다는 이해관계로 이어져 있었다. 그 때문에 수면 밑에서는 어느 회사가 주도권을 잡느냐로 끊임없이 싸워 왔다. 그러던 어느 날 A 회사와 B 회사가 얽힌 거래에서 막대한

손실이 발생했다. A 회사와 B 회사는 서로 상대 회사가 잘못했기 때문에 문제가 생긴 것이라고 주장하며 공격하기 시작했다. 양쪽 모두 한 치도 물러서지 않았다.

과실의 분량으로 따지면 교통사고처럼 어느 쪽에 얼마큼의 잘못이 있는지 비율로 따질 수 있을 테지만, 막상 싸움을 시작하면 객관적인 판단은 할 수 없게 된다. 오히려 양쪽 다 책임을 전가하는 데 필사적일 뿐이다.

또 회사의 존속 위기가 걸렸는데도 사원 중에는 회사와 한통속이 되어 상대 회사를 공격하는 사람도 적지 않다. 그러나 서로 '상대가 잘못했다'고 주장하며 타사를 공격한다 해서 근본적인 문제가 해결되지는 않는다.

타자중심이 되어 상대에 얽매여버리면 그저 자신

의 감정을 상대에게 터뜨리려 할 뿐, 문제의 본질은 고사하고 아무것도 보지 못하게 될 뿐이다.

말다툼은 근본적인 해결책이 될 수 없다

그렇다면 이 경우 잘잘못을 가리는 것을 떠나 서로 공격함으로써 실질적으로 손해를 보게 되는 것은 누구일까? 바로 사원이다.

사원들이 일제히 '상대 회사의 잘못'이라며 공격하면 실적이 올라갈 수 있을까? 자신의 임금이 올라갈까? 혹 더 좋은 대우를 받게 될까?

아니다. 오히려 그 손실로 인해 임금이 깎이고 실적 부진으로 해고되는 사람이 나올 가능성이 높다. 하지만 한편으로는 모든 사람이 '자신의 책임을 자각하지 않아도 된다'고 생각할 수도 있다. 저마다 타사를 공격하는 것으로 '남 탓으로 돌릴 수 있다', '책임을 회피할 수 있다', '책임을 지지 않아도 된다'라는 생각을 갖게 되는 것이다.

이러한 책임 회피는 특히 회사 경영진 입장에서는 매우 유리하게 작용한다. 만약 당신이 이런 회사의 경영진이라면 안심하게 될 것이다. 타사를 공격하는 것으로 자신의 책임을 유야무야 넘길 수 있으니 말이다. 또는 원래 경영 부진이었다면 이번 일을 핑계로 사원을 내칠 수도 있다. 잘못은 타사가 했다고 사원 스스로가 동의했기 때문에 내쳐지더라도 강하게 반발할 수도 없을 테고, 이 일로 자신의 급여가 깎인다고 해도 받아들일 수밖에 없을 것이다.

이와 같은 상황은 우스꽝스러울 만큼 흔히 볼 수 있는 모습이다. 책임을 지려 하지 않는 사람들은 결국 누군가를 희생양으로 삼기 마련이다.

- ☑ 실적이 오르지 않는 것은 사원이 무능하기 때문이다.
- ☑ 직장 분위기가 나쁜 것은 저 사람이 있기 때문이다.
- ☑ 상사가 칠칠치 못해서 사원이 제각각 따로 논다.
- ☑ 저런 게으름뱅이 때문에 우리가 힘든 것이다.

이런 식으로 말을 격하게 한다고 해서 직장 분위기가 좋아질 리도, 실적이 오를 리도 만무하다. 하지만 회사의 입장에서는 타인을 공격하는 것으로 문제의 본질을 감출 수 있다. 그러다 보면 결국 근본적인 해결이나 개선은 이루어지지 않은 채 돌고 돌아서 자신의 목을 조르게 되는 것이다.

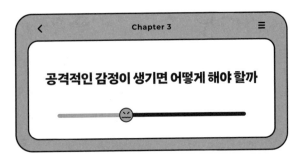

공격적인 감정이 생기면 어떻게 해야 할까

부정적인 감정이 든 순간 바로 인지하는 훈련

부정적인 감정은 혼자 생기지 않는다. 타인에게 얽매여 자신의 기분과 욕구, 생각을 무시하기 때문에 생기는 것이다. 그러므로 타인에게 공격적인 시선을 보내거나 마음속 또는 실제로 타인에게 공격적인 행동을 한다 해도 결코 마음은 만족하지 않는다. 자신을 소중히 여기는 행위가 아니기 때문이다.

그런 사람은 우선 부정적인 감정이 든 순간 바로

인지하는 훈련부터 시작해야 한다. 인지하기만 해도 자신이 무엇 때문에 화가 났는지, 무엇이 싫은지, 무엇을 두려워하는지 자신의 '진짜 마음과 기분'을 파악할 수 있기 때문이다.

무엇보다 다른 사람이 아닌 '나'에게 관심을 가져야 한다. 나에게 관심을 갖고 들여다볼수록 스스로의 감정도 깨닫게 된다.

어느 날 직장에서 A씨는 갑자기 B씨를 붙들고 "아무리 그래도 나도 바쁘단 말이에요! 당신한테 일일이 신경 써주는 건 불가능하니 그리 알아요!" 하고 감정적으로 쏘아붙였다.

이 말을 들은 B씨가 타자중심적인 반응을 보이며 똑같이 A씨에게 톡 쏘아붙인다면, 말다툼이 될 것은 불 보듯 뻔한 일이다. 그렇게 말다툼으로 이어지게 되면 B씨는 'A씨가 싫다'고 인식할 것이고, 그런 A씨와 불편한 관계를 반복할 뿐 '왜 나는 늘 A씨와 싸우고 마는 걸까?' 하고 그 원인이나 이유도 모른 채 그저 상대를 싫어하게 될 것이다. 그래서는 스스로만 괴로워질 뿐이다.

전체적인 상황을 파악하면 해결책이 보인다

이때 B씨가 자기중심이 되어 내 마음이 어떻게 느끼고 있는지에 주목한다면, 다음과 같은 사실을 깨닫게 될 것이다.

- ☑ 늘 그렇듯이 A씨의 비난조에 상처를 입었다.
- ☑ 이때는 특히 '당신한테 일일이 신경 써주는'이라는 말투에 발칵 화가 치밀었다.

자기중심의 관점에서 들여다보면, A씨가 비난조로 이야기해 감정이 상한 순간 뿐만 아니라 왜 A씨가 그렇게 이야기를 한 것인지 전체적인 상황을 파악할 수 있게 된다.

A씨가 B씨에게 비난조로 이야기한 것은 몇 시간 전에 B씨가 A씨에게 "한꺼번에 이 일 저 일 몽땅 하라고 지시하셔도 혼자서는 무리예요!" 하고 호소했기 때문이다.

이런 식으로 자신의 순간적인 감정을 인지하면 전체적인 상황도 자연스럽게 파악할 수 있게 된다. 전체적인 상황을 파악하면 구체적인 해결책이 떠오르므로 그것만으로도 감정적으로 반응하는 일이 줄어들게 된다.

뿐만 아니라 이번 일의 경우 B씨가 A에게 '이 일 저 일'에 대해 원망하듯 호소했지만, 그것은 스스로 '이 일도 저 일도 서둘러 처리해야 한다'고 강제했기 때문임을 깨닫게 될 것이다.

가령 A씨가 "이 일도 저 일도 빨리 해요"라고 지시했다 해도 A씨의 말을 그대로 따를 필요는 없다.

'나는 내 페이스로 일하면 돼' 하고 마음으로부터 자신을 인정할 수 있다면, "그럼 우선 이 일을 먼저 하겠습니다. 그 후에 다른 작업도 해야 하니, 저 일은 그다음에 해도 될까요?" 하고 정중하게 물어볼 수도 있었음을 알게 된다. 즉 정중한 말투를 해낸다면 'A씨와의 관계도 나아진다'는 것을 깨닫게 되는 것이다.

결국 경쟁심은 '타인에게 얽매여 있다'는 무의식이 보내온 메시지라 할 수 있다. 그러므로 스스로 내가 갖춘 행동력을 깨닫고, 타인이 아닌 나를 위해 사용할 수 있도록 관점을 바꾸는 것이 중요하다.

'허세'를
내 편으로 만들면

뛰어난 능력을
발휘할 수 있다

자기 계발에 몰두하는 이유

자기 계발에 몰두하는 한 여성이 있다. 그녀는 업무에 도움이 되는 자격증 취득은 물론이거니와 피부미용을 위해 관리실을 다니고, 패션 감각을 키우기 위해 공부도 한다. 또 건강한 몸매를 유지하기 위해 피트니스 클럽에도 다닌다.

하지만 그녀가 자기 계발을 하는 목적은 '자기 자신을 위해서'라기보다는 '근사한 남성을 얻기 위함'이다. 그녀는 "남들보다 외모가 출중하지 않으면 주목받지도 못하고, 운이 좋아 근사한 남성을 얻는다 해도 그와 어울리지 못하면 창피하잖아요!"라고 말한다.

"여자의 가치는 어떤 상대를 얻느냐에 따라 결정되잖아요"라고 말하는 그녀에게 상대 남성은 마치 자신을 돋보이게 할 스포츠 대회 우승컵이나 우승기 같은 존재일 뿐이다.

이처럼 많은 사람들이 허세로 가득 차 겉모습을 꾸미는 데 열중한다. 남들에게 인정받고 주목받고 싶다는 생각에 사로잡혀 있기 때문에 내면이나 정신적인 면보다는 표면에 보이는 것, 예를 들어 직함이나 지위, 명예와 같은 사회적 신분, 패션이나 보석, 장식품, 인테리어처럼 눈에 보이는 호화로움에만 과하게 집착하는 것이다.

진정한 자존심은 '자기승인'에서 생긴다

"나는 프라이드가 강해요!"라고 말하는 사람

이 있다. 물론 스스로에 대한 자부심이 있다고 생각할 수도 있지만, 이러한 사람을 보고 '교만하다', '거만하다', '건방지다', '오만불손하다', '남을 내려다본다', '고집이 세다', '남을 깔본다', '냉랭하고 쌀쌀맞다'고 생각하는 사람도 적지 않다.

이와 같은 비판적인 의미에서의 자부심, 자긍심과 진정한 자존심은 엄연히 다르다. 자기중심적인 관점에서 본다면, 실제 내면에서는 자기승인이 아닌 타자승인을 지향하고 있을 가능성이 높다.

앞서 설명했듯이 우리는 자기승인욕구와 타자승인욕구를 가지고 있다. 누구나 마음속 깊은 곳에서는 '나의 가치를 높이고 싶다', '나를 성장시키고 싶다', '내 마음을 수련하고 싶다'는 자기승인욕구와 반대로 '남에게 신뢰받고 싶다', '인망을 얻고 싶다', '존경받고 싶다'는 타자승인욕구를 가지고 있는 것이다.

이런 타자승인욕구에 타자중심 의식이 더해지면 '사람들의 주목을 한 몸에 받고 싶다', '남들 위에 서고 싶다', '내게 복종시키고 싶다', '남보다 우수하게 보이고 싶다', '칭찬받고 싶다', '숭배받고 싶다' 혹은 '질투심과 부러움을 유발하고 싶다', '동경의 대상이 되고 싶다'와 같은 지배적인 욕구도 더해지게 된다.

물론 타자승인욕구의 이면을 살펴보면 남들과 경쟁하면서 자신의 가치를 높이고 싶다는 향상심이 나타난 것이라 할 수 있으니, 그 자체는 바람직한 것으로 볼 수 있다. 그 경쟁심을 원동력 삼아 '저 사람을 따라잡고 싶다', '저 사람보다 우수해지고 싶다'는 생각으로 경쟁 상대를 목표로 삼거나 '저 사람이 열심히 노력하고 있으니 나도 힘내야지', '저 사람도 해내는데 내가 못할 건 없지' 하고 스스로를 격려하면서 능력을 끌어내고 향상시키거나 자신을 성장시킬 수도 있기 때문이다. 그뿐만 아니라 타자승인 욕구가 충족되면 차츰 '스스로를 인정하는' 자기승인욕구로 넘어가게 된다.

'타자승인욕구'의 함정

단, 타자승인 욕구에는 다음과 같이 몇 가지 함정이 있다.

첫째, 타자승인의 불안정함이다. 타자승인은 그 '승인'을 타인에게 의존하기 때문에 타인의 기분이나 주변 상황에 좌우되기 십상이라 자기승인에 비해 매우 불안정하다고 할 수 있다.

둘째, 타인에게 승인을 얻으려 할수록 타자중심적으로 의식이 변한다는 점이다. 의식이 타자중심적이 되어 타인의 평가를 지나치게 중시하면, 스스로를 인정하지 못하게 되거나 혹은 있는 그대로의 자신을 인정하지 못해 문제가 발생하기 시작한다. 그렇게 되면 타인의 평가와 칭찬을 얻지 못할 경우 끊임없는 불안에 휩싸이거나 타인의 비판을 두려워한 나머지 사소한 실수에도 크게 당황하게 되는 것이다.

타자승인의 욕구를 품은 상태에서 의식이 타자

중심적이 되면 가뜩이나 불안정한 타자승인에 쉽게 휘둘려 더 큰 상처를 받게 된다.

이 상태에 빠져버리면 긍정적으로 작용할 가능성이 있었던 경쟁의식도 자칫 부정적으로 작용하기 십상이다. 게다가 경쟁의식이 강할수록 그 의식이 고스란히 경쟁 상대에 대한 적개심, 불관용, 질투심과 같은 다루기 까다로운 감정으로 변화한다.

셋째, 타인의 승인을 얻기 위해 '실제로는 어떨까', '나는 어떻게 하고 싶은 걸까'라는 생각보다 '남이 어떻게 볼까'를 더 중요하게 여기게 된다.

조금 애쓰는 정도라면 문제가 되지 않지만, 그것이 두세 번 반복되어 습관이 되면 상황은 크게 달라진다. 타자승인에 집착한 나머지 현실의 나를 받아들이지 못하고 스스로를 좋게 포장하려는 욕심에 "나도 마음만 먹으면 그 정도는 할 수 있어", "기회만 주면 더 잘할 수 있어" 하고 자꾸만 허세를 부리게 된다.

더 심해지면 불가능한 일인데도 "할 수 있다"고 하거나 해본 적 없는 일을 "해본 적 있다"고 하는 등 거짓말로 자신을 부풀리기도 한다. 결국에는 거짓말을 그럴듯하게 꾸며내기 위해서는 또 다른 거짓말이 필요해지고, 그렇게 허세를 부리느라 거짓말을 밥 먹듯이 하다 보면 거짓말이 족쇄가 되어 옴짝달싹 못하게 되는 것이다.

그렇게 타자승인에 집착하면 자신의 감정을 무시하고 모든 일을 타인의 기준으로 생각하고 선택하게 된다. 그것이 계속되면 자신의 감정이 어떠한지, 자신이 무엇을 원하는지도 모호해지고 만다.

결국에는 자신의 감정이 무엇을 원하는지, 무엇을 선택해야 하는지도 모른 채, 우울한 기분과 짜증만 늘어날 뿐이다. 나아가 기분이 우울하거나 짜증이 나도 자신의 감정을 알지 못하는 상태이기 때문에 그 원인 역시 깨닫지 못한다. 그 때문에 스스로 근본적인 문제를 해결할 수도 없게 된다. 결과적으로 자신의 기분과 감정, 욕구를 따르지 못하게 되면 자기신뢰와 진정한 자존심을 해치게 되는 것이다.

허세를 부리면 진정한 욕구가 보이지 않는다

허세를 부리는 사람들

허세를 부리는 사람들은 자신의 욕구가 뒤틀려 있다는 것을 깨닫지 못한다. 즉 오로지 타자승인만 좇다 보니 자신의 진정한 기분과 감정, 욕구를 잃어가기 때문에 깨닫지 못하는 것이다.

이러한 사람들은 점점 더 타자중심이 되어 자신을 위해 마음을 충족시키려 하기보다는 자기 모습을 객관화해서 타인의 시선에 '굉장하다', '아름답다',

'화려하다', '훌륭하다', '기특하다'고 보일 것이 틀림 없다는 자아도취적 공상을 그리기 시작한다. 또한 매 번 '나 어때? 굉장하지! 부럽지! 당신들과 나는 애초 에 수준이 달라!' 하는 공상에 빠져, 실제로 타인에 게 '굉장하다'는 말을 들어야만 비로소 만족하고 '남 의 눈에 비친 나'를 상상하며 도취하는 과정을 거치 지 않으면 만족하지 못하게 된다.

그것은 바로 '나는 남보다 뛰어나다', '나는 남보 다 잘났다', '나는 선택받은 사람이다'라고 믿고 싶은 나머지, 마치 자신이 주인공으로 출연한 영화를 감 상하며 넋을 잃고 동경하거나 칭찬하는 것처럼 스스 로를 몽상하게 만든다.

물론 남의 눈에 비친 '훌륭한 나'를 연기하려 할 수록 자신을 포장하거나 허세를 부리지 않으면 안 될 테니, 결국 그것은 곧 자기 마음을 속이고 '있는 그대 로'의 자신에게 등을 돌리는 것과 같다.

따라서 만족하기 위해 허세를 부린다는 행위는 타인을 통해 만족할 수 있을지는 몰라도 자신을 속이고 부정한다는 이율배반의 불안함과 초조함, 두려움에 끊임없이 시달리는 결과를 가져온다.

늘 화제의 중심에 있기는 어렵다

남들에게 '굉장하다', '훌륭하다', '대단하다', '근사하다', '아름답다'는 칭찬과 동경을 받으려면 늘 화제의 중심에 있어야 하지만, 결코 쉬운 일이 아니다.

예를 들어 앞서 소개한 자기 계발에 전념하고 있는 여성은 뛰어난 남성에게 선택받기를 바라며, 처음부터 본인의 힘으로 '남보다 뛰어난 것'을 손에 넣기는 힘들다고 생각한다. 시험에서 만점을 받아 칭찬받고, 입시에 합격해 입학 허가를 받고, 다양한 경연 대회에서 입상해 표창을 받는 것처럼, 늘 자기보다 뛰어난 상대가 있고 그 상대에게 선택받는다는 수동적인 의식이 강하기 때문이다.

이러한 가치관을 가진 사람은 제 능력으로는 원하는 것을 갖기 힘들다고 믿고 있기 때문에, 이른바 '승자'가 되고 싶으면 이미 그것을 갖고 있는 사람에게 '선택'받을 수밖에 없다고 믿는다. 그렇지 않으면 스스로 자신감을 갖지 못할 테니 말이다.

따라서 그런 상대를 남편감으로 구하려 하고 잘되지 않으면 그런 남편으로 만들기 위해 압박을 하기도 한다. 여기서 그치지 않고 부모가 되면 자식 역시 원하는 대로 키우기 위해 지나치게 교육에 열을 올려 압박하려 한다. 결국 스스로 노력해서 이루려 하기보다 상대를 독려하는 데 매달리는 것이다.

허세의 원인은 낮은 자기평가에 있다

이렇게 갖은 방법을 동원하고 노력해서 더 좋은 결과를 얻는다면 좋겠지만, 대부분 원하는 결과를 얻지 못하는 경우가 많다. 그래서 잘되지 않을 경우에는 분하고 억울한 마음에 얼마간은 계속해서 허세를 부리게 된다. 허세는 애초에 자기 힘으로는 얻지 못하리라는 낮은 자기평가에서 기인하기 때문에, 타인이 자신이 바라는 대로 반응해주지 않으면 사소한 일로도 비참한 기분에 사로잡혀 '나를 무시했다', '나를 업신여겼다', '내게 반대했다', '나를 가볍게 대했다', '내가 그렇게 잘해주었는데 인사 한 번 없다니 무례하다'라고 생각하며 상대에게 화가 나고 용납할 수 없게 된다.

때로는 약한 상대를 표적 삼아 집중 공격을 하거나 자신의 추종자를 조종해 약한 상대를 괴롭히게 할지도 모른다. 하지만 그러한 행위는 무의식중에 자신을 더욱 비참하게 만들 뿐이다. 아무리 상대를 괴롭힌다 한들 상대의 모습에서 보이는 건 한때 자신의 비참했던 모습일 테니 말이다. 그 마음을 깊이 파고들면 그렇게 해서라도 허세를 부리지 않고는 못 배기는 부정적인 생각의 첫 출처는 외로움이나 고독감일지도 모른다.

허세를 부리는 것은
불신감과 두려움 때문이다

상대보다 우위에 서고 싶다는 욕구

최근에는 문자메시지, SNS, 메신저 등으로 커뮤니케이션을 하는 사람들이 늘어나면서 상대와 얼굴을 맞대고 대화하는 것뿐만 아니라 전화로 용건을 전하는 데 주눅이 들거나 내키지 않는다고 말하는 사람들이 늘고 있다. 또한 글로 연락을 할 때도 짧게 주고받는 것은 괜찮지만, 장문은 어렵다는 사람과 생각하는 것 자체가 귀찮다는 사람도 있다.

이런 '주눅이 든다', '내키지 않는다', '귀찮다' 같은 말속에는 '두렵다'는 감정이 숨어 있다.

대화는 이른바 즉흥의 연속이다. 서로 신뢰하는 사이라면 편하게 대화를 나눌 수 있고, 가령 대화 도중 말실수가 있더라도 '이해할 수 있다'는 신뢰감이 전제되어 있기 때문에 대화를 통해 맺힌 감정을 풀수 있다.

하지만 서로를 신뢰하는 관계가 아니라면 상대를 경계할 수밖에 없다. '만약 내가 한마디라도 말실수를 하면 상대에게 공격 받는다'고 믿으면서 자신이 내뱉는 말 하나하나에 상대가 어떻게 반응할지 두려움을 품게 되는 것이다.

허세를 부리는 것은 상대보다 우위에 서고 싶다는 욕구가 있기 때문이지만, 그것은 자신을 지키기위한 방어법이기도 하다. 즉 상대보다 우월해 보이고 싶어서 허세를 부리는 것은 사람에 대한 불신감과 두려움이 있기 때문이다.

"얼마 전에 가족 여행으로 일주일간 유럽에 갔다 왔는데 정말 재미있었어."

실제로는 일주일간의 가족 여행이 '말다툼의 연속'이었다 해도 그것을 밝힐 수는 없는 것이다.

"스테이크를 먹을 때는 ○○ 레스토랑이지."
"옷은 ○○ 브랜드 말고는 안 입어."

이처럼 마치 서열 싸움을 하듯 허세를 부려 우위에 서는 순간도 있을 것이다. 그러나 그런 우위성으로 두려움과 경계심이 사라지는 건 아니다. 하물며 자기 내면에 억지로 집어넣은 외로움과 허무함이 치유될 리도 없다.

허세에 사로잡히면 마음이 충족되지 않는다

외로움과 두려움, 낮은 자기신뢰가 밑바탕에 깔려 있어 허세를 부릴 수밖에 없다면, 재산과 명예, 지위 같은 타자승인욕구를 채우기 위한 절대적인 항목이 반드시 필요하다. 실제로 그런 항목을 목표로 경쟁하면 너무 피곤해질 수밖에 없다.

잠시 우위에 서 있다는 만족감에 젖었다 해도, 이를 자신의 가치를 재는 척도로 삼는다면 허무하기만 하지 않겠는가. 또 그렇게 한다고 해도 두려움과 경계심, 외로움이 커질지언정 자기평가가 높아지지는 않는다. 왜냐하면 자신의 진짜 감정에 따라 자신의 마음을 채우는, 자기신뢰를 높이기 위해 사용할 수 있는 귀중한 시간 역시 줄어들기 때문이다.

또한 허세에 사로잡혀 있으면 자신의 마음을 받아들이지 못하게 될 뿐만 아니라 채워지지 않는 마음을 확실하게 채우고 싶다는 욕구도 더 강해진다.

물론 타인에게 만족감을 원할수록 반대로 내 마음은 나에게서 멀어져 보이지 않게 된다. 자신의 마음을 무시하면서 어떻게 마음을 채울 수 있단 말인가?

어떤 경우든 자신의 마음을 가장 깊이 위로할 수 있는 것은 나 자신이다. 마음이 채워지지 않는 까닭은 자신을 위로하는 것, 마음에 다가가는 것, 마음을 소중히 여기는 것을 잊어버렸기 때문이다.

많은 사람들이 타인의 힘 없이는 스스로를 인정하지 못해 타자승인에 매달리고 만다. 그런 부정적인 방향이 많은 사람들의 마음을 고립시키고 사람과의 연결을 방해하는 것이다. 사회가 그럴수록 우리는 더더욱 나 자신으로 되돌아가 '내 감정'을 인지하고 스스로를 사랑하는 마음을 키워야 한다.

왜 '허세'를 부리고 싶어질까?

모든 일을 '타인중심'의 관점으로 보고 있기 때문!

돈	재산	지위

배우자의 사회적 신분	고급품

'타자승인욕구'를 채우기 위해 항목이 필요하다

밑바탕에는 사람에 대한 불신감과 두려움 등
낮은 '자기신뢰'가 깔려 있다

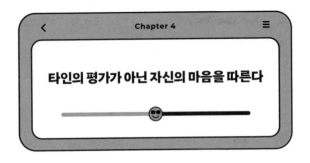

'나는 내가 좋다'고 말할 수 있으려면

허세를 부리는 사람에게 부족한 것은 스스로를 인정함으로써 만족하는 '자기신뢰'이다. 그들은 자신을 포장할 수 있는 것이 없으면, '나는 내가 좋다'라고 말하지 못한다. 무의식중에 타인의 평가가 없으면 아무것도 남지 않는다고 그들 스스로 믿고 있기 때문이다. 그러므로 타인의 평가를 잃게 되면 그들은 고독과 절망감에 빠져들고 만다.

허세를 부리는 사람들은 애초에 물질적으로 풍족하거나 외부에서 좋은 평가를 얻을 만한 능력과 자질을 지니고 있는 경우가 많다. 그런데도 더 욕심을 내서 타자승인에 매달리고 있는 것이다.

그렇다면 그들이 자기신뢰를 되찾으려면 어떻게 해야 할까? 우선 '허세를 부리고 싶다'는 감정이 생겼을 때 그 마음의 움직임을 인지해야 한다.

예를 들어 평소 허세가 있는 동료가 내게 다소 호화로운 여행을 함께 가자고 제안한다. 그 제안을 받았을 때 당신이 어떤 기분을 느꼈는지 파악하는 것이 중요하다.

'와, 재미있겠다. 꼭 가야지!' 하는 긍정적인 기분이 솟구쳤다면 '가고 싶다'는 기분이 강하게 드는 것이니 문제가 없다.

하지만 '가는 건 좋은데…… 또 돈 들어가게 생겼네. 그렇다고 거절할 수도 없고 따돌림 당하기는 싫으니 그냥 참가할 수밖에 없겠네' 하는 생각이 들었다면 역시 부담을 느끼고 있는 것이다. 이처럼 순간 내 마음이 어떤 식으로 느끼고 있는지를 파악해 원하는 대로 행동하는 것이 중요하다.

내 마음이 시키는 대로 선택한다

자기신뢰를 높이기 위해서는 가급적 마음이 시키는 대로 선택해야 한다. 또한 내 마음이 시키는 대로 행동했을 때에는 '나를 위해 행동해서 다행이야' 하고 자신의 행동을 진심으로 높이 평가하는 것이 중요하다.

이런 선택과 행동을 반복하다 보면 타인에게 평가를 맡기고 자신의 가치를 재지 않아도 스스로를 인정하는 자기승인 욕구가 채워진다. 그렇게 함으로써 자기신뢰도 점점 높아질 것이다.

정리해 보자면, 다음과 같다.

- ☑ 판단하고 결정해야 할 때는 내 감정부터 인지한다.
- ☑ 내 기분과 감정에 따른 선택과 행동을 하며, 가급적 '내 마음이 시키는 대로 행동하기'로 결심한다.

부담스럽게 느끼면서도 허세를 부려 경쟁하는 것은 자신의 마음을 무시한다는 의미에서 이미 자신에게 상처를 준 셈이다. 이런 관점에서 보면 허세라는 부정적인 감정으로 인한 경쟁심은 '타인에게 얽매여 있다'는 무의식이 보내온 메시지다. 번번이 이 메시지를 무시하면 타자승인만을 향해 끊임없이 허세를 부리게 될 것이다.

내 감정을 기준으로 삼고 감정과는 반대로 행동하려 할 때, 또 부정적인 기분을 인지했을 때는 '정신적으로 피로한 일은 그만두자', '내가 부담스럽게 느끼는 일은 그만두자' 하고 결심해야 한다. 그렇게 할 수 있다면 틀림없이 조금씩 허세에서 벗어날 수 있을 것이다.

허세로부터 해방되면 진정한 자신감이 생긴다

허세를 자기신뢰의 척도로 삼고 '나를 위해' 행동하는 것은, 간단해 보이지만 의외로 어려운 일이다.

하지만 허세 부리기를 멈추면 마치 경쟁하듯 허세를 부리며 나누었던 대화와 그 관계가 얼마나 나를 무의미하게 상처 입혔는지 보이게 된다. 또 실제로 상처 입는 것이 싫어서 더 허세를 부렸던 지난날의 스스로가 악순환에 빠져 있었음을 깨닫게 된다.

허세는 불신감과 경계심을 증폭시켜 자기신뢰를 낮춘다. 만약 당신이 자신의 기분을 속이고 허세를 부리는 삶의 방식을 멈춘다면, 온갖 두려움에서 해방되어 진정한 자신감을 되찾게 된다.

나아가 당신이 그동안 바라왔던 '남보다 뛰어난 사람이 되고 싶다', '높이 평가받는 사람이 되고 싶

다', '남들에게 인정받고 싶다'는 소망도 자연스럽게
이루어질 것이다.

원래 당신은 자신감 있게 행동할 수 있는 능력을
지닌 사람이다. 그저 지금껏 그 능력을 허세 부리는
데 사용한 것에 지나지 않다. 그러므로 마음이 시키
는 대로 행동하다 보면, 허세를 위해 쏟았던 노력을
자신을 위해 사용하며 틀림없이 뛰어난 능력을 발휘
할 수 있을 것이다.

'불안'을
내 편으로 만들면

구체적인
장면이 보인다

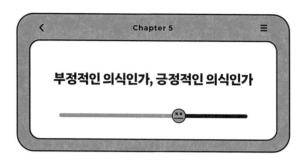

부정적인 의식인가, 긍정적인 의식인가

'실패하면 어떡하지?'가 불안을 부른다

만약 당신이 회사에서 처음으로 프레젠테이션을 맡았는데, 너무 긴장한 탓에 제대로 발표하지 못해 스스로 망쳤다고 생각했다고 하자.

하지만 실제로 '완전히 망친' 상황은 있을 수 없다. 망쳤다고 생각되는 상황 속에도 '자료를 꼼꼼히 수집했다', '사전 조사를 했다', '현장에 여러 번 찾아갔다', '수없이 시뮬레이션을 해봤다'와 같은 긍정적인 면도 분명히 있기 때문이다.

그러나 부정적인 의식이 강하면 '프레젠테이션 할 당시 너무 횡설수설해서 정말 하고 싶은 말의 10분의 1도 하지 못했다'는 한 장면만이 사실적인 '실패 경험'으로 기억에 남게 된다.

이런 기억이 선명히 남아 있으면 다음에 비슷한 행사의 프레젠테이션을 맡을 기회가 온다 해도 그 기억이 떠올라 '또 전처럼 실패하면 어떡하지?' 하고 불안한 마음이 들고 만다. 그 사고와 감정의 연쇄로 '이번에 실패하면 다시는 기회가 오지 않을지도 몰라', '이번에 실패하면 회사에서 쫓겨날지도 몰라' 하는 생각마저 들어 더더욱 불안에 휩싸일 것이다.

이처럼 많은 사람들이 시작하기도 전에 미리 '실패하면 어떡하지?', '남들이 부정하면 어떡하지?'와 같은 식으로 아직 일어나지도 않은 부정적인 일을 생각하며 걱정한다.

나아가 그 불안감 때문에 더 나빠졌을 때의 장면

을 상상하며 '날카롭게 비판하면 뭐라고 대답하지?', '그런 질문을 받으면 어떻게 대답하는 게 좋을까?' 하고 반론하기 위해 대책을 강구하려고까지 한다.

아직 일어나지도 않은 부정적인 장면을 떠올리고 시뮬레이션만 하다 보면 나도 모르는 사이 타인에 대한 불신만 강해질 뿐이다.

실패는 착각을 버리는 훈련

한편 실제로는 "정말 좋았어. 잘 알겠더라", "구체적인 자료가 나와 있어서 이해하기 쉬웠어", "시간이 별로 없었을 텐데 꼼꼼히 조사했더라"와 같이 긍정적인 평가를 받을 가능성도 있다. 하지만 부정적인 의식이 강하면 타인이 긍정적인 반응을 해주리라고는 예상하지 못했기 때문에 이에 대해서도 긍정적으로 받아들일 수 없게 된다.

여기서 중요한 것은 객관적으로 판단하면 '실패

할 가능성도 있고 성공할 가능성도 있다'는 사실이다. 객관적인 판단이 가능하면 '망쳤다', '실패했다'는 생각에 기분이 침울해지더라도, 다음과 같이 생각하며 충분히 극복할 수 있다.

- ☑ 이번에는 떨어도 좋으니 끝까지 해내는 걸 목표로 하자!
- ☑ 끝까지 발표를 잘 끝마쳐서 다행이다.
- ☑ 이번 프레젠테이션은 바람직한 반응은 얻지 못했지만 나 스스로는 잘했다고 생각해.
- ☑ 지난번에는 사람들 앞에 서는 것이 괴롭고 두려웠지만, 이번에는 압박감이 반으로 줄었으니 내 기준에서는 잘한 거야.
- ☑ 전체적으로는 아직 많이 부족하지만, 이 부분만큼은 포인트를 콕콕 집어서 잘 전달했으니 나한테 합격점을 줘야겠어.

만약 크게 창피를 당한 기분이 들어도 '모든 것을 100퍼센트 완벽히 해야 한다'는 착각을 버리는 훈련을 한 셈 치자고 고쳐 생각할 수 있는 것이다.

어떤 경우에도 '100퍼센트 실패'는 있을 수 없다. 어떤 결과가 나왔든 그 속에 반드시 잘한 부분이 있고 전보다 성장한 부분이 있다. 부정적인 의식이 강해 잘한 부분이 보이지 않을 뿐이다.

의식과 무의식의 간극을 채운다

- ☑ 나는 어떤 마음을 품고 있을까.
- ☑ 나는 어떤 사고를 하는 경향이 있을까.
- ☑ 나는 어떤 식으로 느끼고 어떻게 행동하고 있을까.

평소 자신에게 관심을 기울이는 사람이 아니라면, 자신의 밑바탕에 어떤 의식을 품고 있는지 알아내려 해도 쉽지 않을 것이다. 밑바탕에 깔린 의식을 형성하는 것은 사고보다 경험에 의한 영향이 더 크고 또 비슷한 경험에 의해 강화되기 때문이다.

스스로 자신을 자신감으로 똘똘 뭉친 사람이라 생각해도 실제로는 자신감 없는 행동을 하거나 또는 소극적이라 생각해도 실제 행동은 대담한 것처럼 자신의 현재의식과 무의식 사이에는 다소 차이가 있다.

예를 들어 현재의식으로는 부모에게 효도를 해야 한다고 생각해도, 무의식중에 부모에 대한 부정적인 의식이 뿌리 깊게 남아 있으면 부모를 위해서 한 행동인데도 엉뚱한 결과를 불러일으켜 싸움으로 번지고 골이 깊어지는 경우도 발생한다.

이는 발생한다기보다 '무의식이 일으킨다'고 보는 편이 정확하다. 이것을 나는 '무의식의 보복'이라 부른다. 물론 현재의식의 자신은 그렇게 된 이유를 모르기 때문에 근본적인 해결을 하지 못한 채 괴로워할 뿐이다.

이는 비단 부모와의 일뿐만 아니라 다른 인간관

계에서도 발생한다. 이러한 상황이 반복될수록 자신의 밑바탕에는 점점 부정적인 의식이 새겨지게 되고, 강해질수록 부정적인 의식이 토대가 되기 때문에 모든 사고가 부정적으로 시작되는 것은 당연한 결과라 할 수 있다.

부정적인 사고는 부정적인 기분과 감정을 만든다. 때문에 그러한 기분과 감정으로 새로운 사고를 펼친다고 해도 오히려 나아지기는커녕 그 위에 부정적인 기분과 감정만 더해질 뿐이다.

우리의 행동은 이러한 '부정적인 사고와 감정의 결과'라 할 수 있다. 요컨대 부정적인 의식이 강하면 사고와 행동도 부정적인 선택을 하게 되고, 반대로 긍정적인 의식이 강하면 긍정적인 사고와 선택을 하게 되는 것이다.

좋게 평가받을 가능성도 있지만 상상하지 못한다

부정적인 장면만 상상한다

'실패할 가능성도 있고 성공할 가능성도 있다'는
객관적인 판단이 중요하다

나의 말에 의식을 기울여본다

부정적인 사고가 부정적인 감정을 만들어낸다

그렇다면 밑바탕에 부정적인 의식이 강하게 새겨진 상태에서 앞으로 일어날 일을 예측한다면 어떤 사고를 하게 될까? 말할 것도 없이 과거의 다양한 경험에서 일부러 부정적인 장면을 끄집어내 '또 같은 일이 일어나는 건 아닐까?' 하고 불안해할 것이다.

긍정적인 발상은 자신에게 관심이 없으면 불가능하다. 타자중심에 빠져 있으면 '내가 어떤 말을 사용

149 ☺

하고 있는지'조차 알아차리지 못하고, 늘 다음과 같이 부정적인 미래를 예측하며 불안해할지도 모른다.

- ☑ ○○을 하지 못하면 어떡하지?
- ☑ 웃음거리가 되면 어떡하지?
- ☑ 엉뚱한 말을 하지 않을까?
- ☑ 다들 나를 어떻게 생각할까?
- ☑ 돌이킬 수 없는 실패를 하면 어떡하지?

사고는 단순히 사고로만 끝나지 않는다. 사고함으로써 기분과 감정이 생겨난다. 수많은 사람들이 자각하지 못한 채 사고하고 있지만, 자신이 부정적인 일을 생각하면 부정적인 기분과 감정이 생기고 깨닫든 깨닫지 못하든 그것을 실감하게 되는 것이다.

이처럼 우리는 어떻게 사고하느냐에 따라 생겨나는 기분과 감정에 따라 매사 모든 것을 선택하고 행동한다. 더욱이 이 같은 선택은 자신이 의식하기도 전에 자동적으로 이루어진다. 따라서 만약 당신이 끊임없이 불안에 시달리고 있다면, 그것은 그때그때 느껴지는 자신의 기분과 감정을 무시하고 있기 때문이라고 할 수 있다.

불안은 결코 갑자기 무질서하게 생겨나는 것이 아니다. 어떤 불안이 일었다면 하나하나에 반드시 불안해지는 이유가 있다. 그 이유를 무시하면 그때그때 생겨나는 불안을 해소하지 못하기 때문에 계속해서 '막연하게 불안에 시달리는 상태'가 되고 만다.

그런 불안이 이미 정착되었다면 '부정적인 사고가 부정적인 감정을 만들어낸다. 그 사고로 인해 다시 부정적인 감정이 되어 또다시 부정적인 사고를 한다'는 사고와 감정의 사슬 속에서 진전 없는 제자리걸음을 지속할 수밖에 없다.

심지어 그런 사고와 감정의 연쇄는 부정적인 기분과 감정을 더욱 증폭시킨다. 물론 그렇게 될수록 문제의 본질에서 벗어나기 때문에 머지않아 의미도 없이 불안에 휩싸이기만 하는 상태가 되어 실제로는 아무런 행동도 하지 못하는 경우도 적지 않다.

막연한 감정에 사로잡힌 사람의 행동

아무리 사소한 장면이라도 우리는 수많은 장면에서 다양한 기분과 감정을 느낀다.

- ☑ 큰비가 내린 뒤 새파란 하늘이 펼쳐져 기분이 상쾌했다.
- ☑ 좋아하는 사람을 떠올렸더니 마음이 따뜻해졌다.
- ☑ 싫어하는 사람을 생각했더니 짜증이 치밀었다.
- ☑ 길을 걷는데 행인과 부딪혀 열이 확 올랐다.
- ☑ 계단에서 굴러떨어질 뻔하여 식겁했다.

이와 같이 어떤 기분과 감정이 드는 데에는 이유와 원인이 있다. 하지만 만약 당신이, 특히 부정적인 기분과 감정이 들었을 때 무심코 지나쳤다면 그때 생긴 부정적인 기분은 해소되지 못한 채 의식의 밑바닥에 쌓여갈 것이다. 그런 기분과 감정이 계속해서 쌓이면 어떻게 될까?

- ☑ 항상 막연한 불안에 휩싸여 있다.
- ☑ 왠지 끊임없이 짜증이 난다.
- ☑ 어째서인지 사소한 일에도 금방 화가 난다.

이와 같이 이유와 원인을 모른 채 막연한 감정에 휩싸이고 말 것이다.

감정을 터뜨려도 생각만큼 후련하지 않다

만약 당신이 끊임없이 막연한 감정에 시달린다면 그것은 부모 자식 관계나 가정환경을 통해 익숙해진 것일 수도 있다.

자식에 대한 상담을 위해 나를 찾아 온 부모에게 다음과 같은 하소연을 들은 적이 있다.

"아무리 주의를 줘도 전혀 지키려 하지 않아서

화가 납니다."

"늦을 걸 알면서도 계속 꾸물거리기만 하고 당최
움직이려 하질 않아서 속이 부글부글 끓습니다."

한편 자식의 입장에서는 이렇게 하소연을 한다.

"귀에 딱지가 앉도록 잔소리를 하셔서 지겨워 죽
겠어요."

"무조건 반대부터 하고 이야기를 아예 들으려 하
지 않아서 말하기조차 싫어져요."

"아무리 부탁해도 들어 주지 않으니 말해도 소용
없다고 포기한 상태예요."

게다가 이런 사람들은 대부분 감정에 휩싸여 상
대에게 감정을 터뜨리고 만다. 그럴 때 "어떤 기분이
드나요?" 하고 물어보면 "생각만큼 후련하지 않았어
요" 하고 대답하는 사람이 대부분이다. 물론 "말한
순간에는 후련했어요" 하고 말하는 사람도 있었지

만, "조금 있으니 또 화가 나서 몇 번이고 되갚아주고 싶었어요"라고 하는 것이 실상이다.

아무리 상대를 탓하고 소리를 질러도 일어난 일을 막연하게 생각하는 한 그 뿌리에 무수히 박혀 있는 감정을 시원하게 해소할 수는 없는 것이다.

'구체적인 장면'을 바라본다

만약 당신이 부모와 이런 관계를 유지하고 있다면, 사회생활을 하는 데 있어 심각한 문제가 발생할 수도 있다. 오랜 세월 가정에서 너무 많은 것을 부정당한 탓에 무의식중에 상대의 말을 거부하고 흘려듣거나 의식에 접근하지 못하도록 행동하고 있을 가능성이 높기 때문이다.

그런 환경에서 자란 사람일수록 무엇 때문에 자신이 상처를 입었는지 이유도 모른 채, 무수히 많은 상처를 입었을 가능성이 높다. 아무리 답을 찾으려 생각을 짜내도 막연한 사고로는 해결될 리가 없는 것이다.

그럼에도 불구하고 불안에 휩싸이면서도 '사고'에 매달리는 것은 왜일까? 행동하는 것이 두렵기 때문이다.

처음에는 상처 입기 싫어서 이미 일어난 사건을 외면했을 것이다. 그러나 외면하면 구체적인 장면은 보이지 않는다. 즉 구체적인 장면을 보지 않은 상태에서는 감정을 해소할 수 없다. 그저 부정적인 의식으로 미래를 예측하면 불안과 두려움이 커지기만 할 뿐이다. 또 그것을 막연한 사고로 해결하려고 열심히 생각을 짜낼 것이고, 때로는 그 악순환에서 감정적이 되어 분노를 폭발시키거나 전혀 상관없는 상대에게 터뜨리는 일도 있을 것이다. 이처럼 두렵고 불안한 탓에 악순환이 지속되고 만다.

이러한 방법으로는 '상처 입은 자신'의 마음을 치유할 수 없다. 그래서 또다시 아무 감정도 느낄 수 없도록 눈을 감고 마음을 닫는 것처럼, 사회에서도 가정환경에서 배운 패턴을 반복하게 되는 것이다.

불안을 터뜨려도 후련하지 않은 이유는?

탓하고 소리를 질러도
후련하지 않다

일어난 일을 막연하게 생각해서
스스로도 '이유'가
무엇인지 알지 못한다

뿌리에 박혀 있는 감정을
시원하게 해소할 수 없기 때문이다

뿌리의 감정을 해소하지 않는 한 후련해지지 않는다

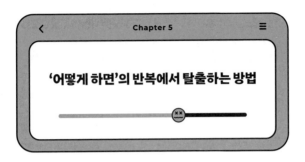

'어떻게 하면'의 반복에서 탈출하는 방법

주변 사람들이 알아서 해결해주리라는 무리한 소망

구체적인 장면이 보이지 않는 상태에서는 아무리 생각해도 불안만 증폭될 뿐이다. 실제로는 자신이 행동하기를 두려워한다는 자각조차 못하는 사람이 적지 않다. 심해질 경우 불안을 느끼면서도 자신은 전혀 움직이지 않고 주변 사람들이 해결해주기를 기다리는, 도저히 불가능한 해결 방법을 바라는 일도 종종 있다.

논리적으로 생각하면 자신이 불가능한 일을 바라는 것임을 알아차릴 테지만, 막연한 불안에 사로잡혀 있으면 냉정해지기가 어렵다.

'왜 나는 매일 불안에 시달리는 걸까. 이 불안을 없앨 방법은 없는 걸까?'와 같이 막연한 사고로는 구체적인 해결 방법을 찾을 수 없다. 그저 '어떻게 하면'이라는 사고만 반복할 뿐이다.

내게 상담을 하러 찾아오는 사람들이 가장 많이 이야기하는 고민 중 하나는 '직장에 싫은 사람이 있다'는 것이다.

"직장에 싫어하는 사람이 있어요. 그런데 저는 그 사람을 싫어하지만 그 사람은 저를 좋아했으면 좋겠어요. 그래서 제가 만족할 만큼 제게 잘해줬으면 좋겠어요. 그렇게 될 수 있는 방법을 가르쳐주세요."

이 말을 그대로 받아들이면 결국 "나는 손 하나

까딱하지 않고 내가 싫어하는 상대가 내가 바라는 대로 행동하게 하려면 어떻게 해야 하나요?"와 같이 생억지를 쓰는 것과 같다.

이처럼 부정적인 의식을 갖고 행동하는 것을 두려워하게 되면, 자기 자신뿐만 아니라 나아가 다른 사람에게까지 무리한 소망을 품게 되는 것이다.

지금 이 순간의 내 감정을 깨닫는다

앞서 말한 대로 부정적인 의식이 있으면 자동으로 부정적인 선택과 행동을 하게 되고, 마찬가지로 긍정적인 의식이 있으면 자동으로 긍정적인 선택과 행동을 하게 된다. 같은 상황이라도 긍정적인 의식으로 생각하면 단순하고 명쾌해진다.

가령 다음과 같이 생각할 수 있다.

- ☑ 실패해도 처음부터 다시 하면 돼.
- ☑ 남들이 비웃어도 나는 열심히 했으니 좋게 평가하자.
- ☑ 남을 비웃는 사람들이야말로 열등한 사람이다.

기본적으로 밑바탕에 긍정적인 의식이 있다면, 자동적으로 스스로에게 희망을 주는 말을 선택하게 된다. 무의식이 바람직한 결과를 위해 자연스럽게 긍정적인 선택을 하기 때문이다. 게다가 그런 무의식은 현재의식보다 훨씬 능력이 우수하기 때문에 성공할 확률 역시 높아진다.

이와 같이 우리의 순간적인 선택과 행동은 자각하지 못하더라도 실제로는 긍정적인 의식과 부정적인 의식의 양과 질에 따라 좌우된다. 따라서 부정적인 기분과 감정을 느꼈을 때에는 그냥 흘려보내지 말고 그때그때 감정의 출처를 밝혀내고 구체적으로 해결해 나갈 필요가 있다.

그런 의미에서 현재의식의 내가 할 일은 지극히 간단하다. 바로 '지금' 내가 경험하고 있는 장면마다 '내 감정을 깨닫는 것'이다.

예를 들어 '불안'으로 이야기하면, 다음과 같이 구체적인 상황을 그려내는 훈련을 할 수 있다.

- ☑ '지금' 다음 주 출장지에 늦게 도착하는 것은 아닐까 불안해졌다.
- ☑ '지금' 상사가 '다음 주까지 끝낼 수 있겠어?' 하고 물어서 불안해졌다.
- ☑ '지금' 도와줄 것이라 생각했던 동료가 거절을 해서 '혼자서 할 수 있을까' 하는 생각에 불안해졌다.

내 감정을 기준으로 하면 행동하기 쉬워진다

이처럼 '막연한 세계'에서 탈출하려면 그때그때 '지금'의 장면을 파악하고 그에 대한 대처 능력을 키워야 한다. 가장 중요한 것은 '지금'의 장면이다.

지독한 방향치인 한 여성이 있다. 그녀는 지금껏 가본 적 없는 장소에 가야 할 때면 무사히 도착할 수 있을지 걱정이 앞서곤 한다. 목적지와 반대 방향으로

가는 전철을 탔음에도 한동안 알아차리지 못했던 일도 종종 있었기 때문이다. 또는 지하철 출구가 여러 개 있는 경우 엉뚱한 출구로 나가면 아예 방향 감각을 잃어버리고, 출장을 갈 때는 평소 출퇴근하던 길로 가다가 도중에 알아차리고 황급히 발길을 되돌리는 일도 허다했다.

혼자 행동할 때는 그나마 낫지만 다른 사람과 약속을 한 경우에는 특히 더 불안해지곤 했다. 그런 불안을 해소해야겠다고 생각한 그녀는 이다음에 가본 적 없는 곳에 갈 때는 '사전 답사를 해서 장소를 확인하자'고 결심했다. 물론 경우에 따라서는 답사에 많은 시간을 소요할 때도 있었지만, 결과적으로는 불안감을 덜고 안심할 수 있게 되어서 그 시간이 아깝지 않게 느껴졌다. 오히려 시간을 들여 마음을 편안하게 하는 편이 더 중요하다고 생각하게 되었다.

이런 식으로 '내 감정을 기준'으로 하면 불안 요소를 구체적으로 제거하기 위해 행동할 수 있게 된다. 그 하나의 행동이 '안심을 얻기 위해 행동한다'는 인생의 토대가 되기 때문에 앞으로 어떤 상황에서도 나를 위해 선택하고 행동할 수 있게 된다. 이는 곧 나의 자신감으로 연결된다.

이렇듯 불안은 결코 나쁘기만 한 것은 아니다. 오히려 불안은 나를 지키기 위해 미래에서 보내온 메시지라 할 수 있다.

만약 당신이 불안을 느낀다면 '아, 나는 지금 미래를 부정적으로 보고 있구나. 치우친 판단을 하고 있어' 하고 불안을 내 편으로 만들 수 있다. 그렇게 해서 구체적인 불안을 하나하나 깨닫고 해소해나가면, 틀림없이 막연했던 불안의 양도 차츰 줄어들게 될 것이다.

'불안'을 해소하려면?

 처음 가는 곳인데 약속에 늦지 않을까?

지금 경험하고 있는 장면에서의 불안을 인지한다

↓

 확인해 보고 사전 답사를 가 보자!

불안을 해소하기 위해 구체적으로 행동한다

↓

 이제 괜찮아!

안심을 얻는다

불안을 해소하기 위해 행동에 나서면
안심을 얻을 수 있고 막연했던 불안이 줄어든다

'초조함'을
내 편으로 만들면

**목표에
도달할 수 있다**

좋은 평가를 받지 못해 초조해진다

초조함은 부정적인 사고를 일으킨다

우리는 남에게 좋은 평가를 받길 원한다. 만약 어떤 식으로는 자신이 원하고 좋아하는 것을 알고 꾸준히 매진해 온 사람이라면 상대적으로 좋은 평가를 받을 가능성도 높아질 것이다.

하지만 내가 무엇을 하고 싶은지, 무엇을 좋아하는지도 모르고, 일에 매진하고 있지도 않으면서 그저 남에게 좋은 평가를 받기만 원한다면 늘 마음이 초

169 ☺

조함으로 가득하지 않겠는가.

또한 '좋게 평가받고 싶다'는 욕구는 실제 행동으로 연결되지 않기 때문에 그림의 떡과 같을 뿐 뭔가 변화를 일으키지도 않는다. 오히려 그 욕구 속에 '하지만 내게 좋게 평가받을 만한 건 없다'라고 자신을 부정하는 마음이 잠재되어 있다면 초조함을 느끼고 나아가 '남에게 좋은 평가를 받을 만한 일을 빨리 시작해야 한다', '이러고 있으면 시간만 흘러갈 뿐이다'와 같이 부정적인 사고만 불러일으키게 된다.

그뿐만 아니라 "아, 이 나이에 시작하면 늦어도 한참 늦은 건데" 하는 생각으로 초조함을 넘어 벌써 인생이 끝난 것만 같은 절망감에 휩싸일 것이다.

남과 비교하고 인정받고 싶은 마음

앞서 설명했듯이 부정적인 의식을 토대로 미래를 부정적으로 예측하면 불안에 휩싸인다. 또한 그때그

때 생기는 불안을 그대로 방치하면, 막연한 불안을 품게 되기 때문에 불안을 해소하기 위한 구체적인 행동이 불가능해진다.

그런 의식 상태로 스스로를 인정하지 못하는 사람이 타인에게 인정받기를 원한 나머지 '빨리 결과를 내야 한다', '남에게 인정받을 수 있도록 한시라도 빨리 능숙해져야 한다'고 생각한다면 마음도 머리도 초조함에 지배되어 오히려 어떤 행동도 하지 못하게 될 가능성이 높다. 또한 주변 사람과 지금의 자신을 수없이 비교하게 될지도 모른다.

- ☑ 저 녀석은 원하는 회사에 취직해서 계획대로 인생을 살고 있는데….
- ☑ 이 나이 먹었으면 진작 결혼해서 아이가 있어야 하는데….
- ☑ 저 사람은 TV 방송에 나와 활약하고 있는데 나는 아직도 이런 데서 썩고 있다니.

☑ 나는 무엇 하나 이룬 것이 없네.

☑ 친구들은 다들 잘사는데… 이 나이에 새로운 걸 시작하기에는 너무 늦었어.

계속해서 누군가와 자신을 비교하며 이런 부정적인 생각만 하다 보면 안절부절 못할 만큼 초조해질 뿐이다.

완벽을 지향하기 때문에 마음이 조급해진다

현대사회는 우리의 의지와 상관없이 어쩔 수 없는 '타자중심'의 사회가 되었다. 원하지 않아도 상식 밖의 일이 넘쳐나고 불합리한 일이 잇달아 발생하기 때문에 도무지 외부로 관심을 돌리지 않을 수 없다. 결국 이러한 사회 현상 속에서 자칫하다가는 누구나 타자중심 의식에 빠지기 십상이다.

타자중심의 사람들은 타인에게 얽매여 있기 때문에 자신의 기분을 인지하지 못한다. '해야 하는 일'

물론 고민하는 것이 나쁜 것(
민만 한다고 해서 장점과 단점이 ㅍ
는 상태를 무너뜨리지는 못한다. 아
도 결국 마지막에는 '역시 무엇을 ㄹ
르겠어'라고 생각해버리기 때문이다.

또한 초조해하고 고민에만 집중해
적인 기분과 감정이 증폭되어 망설이ㄱ
실제 행동으로 옮기더라도 안 좋은 결ㄱ
가능성이 높아진다.

우리는 다양한 제약 아래 수많은 일을
로 요구당하고 있으며, 이를 당연한 것으로
이고 있다. 즉 지금 당신이 'OO을 해야 한다
하는 것 대부분은 일방적으로 그렇게 하도록
'조건이 주어진 것'에 불과하다고 할 수 있다.

물론 처음에는 '내가 왜 OO을 해야 하지?' ㄹ
의문을 품었을지도 모른다. 하지만 타자중심 사호

이나 '해서는 안 되는 일'과 같이 의무와 ㄱ
가득하고 자신의 기분은 완전히 홀대하고
기 때문에 자신의 기분보다 'A가 ㄴ을까
까, 아니면 아예 다른 C가 나을까?' 하ㄱ
고하고 처리하려 하지만, 결국에는 결정을 내리
한 채 망설이고 고민만 할 뿐이다. 외부의 무엇을 ㄱ
준으로 삼아야 할지 혼란스럽기 때문이다.

좀처럼 결정하지 못하면 한술 더 떠서 '서둘러 해
결해야 한다', '빨리 적절한 결론을 내야 한다'고 생
각하며 마음이 조급해지는데, 심지어 그렇게 조급해
하면서 목표로 삼는 것은 가장 완벽한 해답이나 결
론이다. 결국 완벽한 답을 지향하기 때문에 초조해
질 수밖에 없는 것이다.

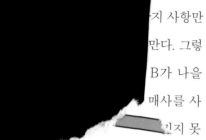

...지 사항만
...만다. 그렇
...B가 나을
...매사를 사
...지 못

고민하는 것을 인생의 목표로 삼지 않는다

고민하는 것 역시 무의식이 보내온 메…
해석하면, 그 자체로 '장점과 단점이 팽팽하…
고 있는 상태'라 할 수 있다. 장점과 단점이
상태로 막상막하인 경우에는 아무리 머리를 …
도 납득할 수 있는 결론을 얻기 힘들다. 아니, 애…
스스로 가장 납득할 수 있는 자신의 감정을 무…
고 결정하려고 하니 결론이 날 리 있겠는가.

수록 그런 의문을 품는 사람이 이상한 사람으로 규정될 뿐이다. 그러니 설령 자신이 옳다고 생각한다고 해도 이렇다 할 해결책이 없으니 결국에는 고민만 한 채 부정적인 기분을 느끼며 살아가게 되는 것이다.

이와 같이 고민하는 과정이 거듭되면 머지않아 고민하는 것 자체가 일반적인 상태가 되어 결국에는 고민하는 것이 인생의 목적이 되어버린다.

바꿔 말해 매일 고민하지 않으면 충실한 삶을 살고 있지 않는 것 같이 느껴져, 고민하는 것 자체가 인생의 보람이 되고 마는 것이다.

무의식은 선악을 판단하지 않는다

요즘에는 많은 사람들이 '하루를 살아가는 것만으로 벅차다'고 말한다. 여유가 없는 나머지 생각하는 것 자체가 피곤하다는 사람도 늘고 있다.

'힘드니까 내 생활 말고 다른 데는 관심을 두지 말아야지'하는 마음으로 살다 보면 자연스레 그 밖의 일에는 차츰 관심이 없어지고, 그렇게 '다른 일에 무관심한 상태'가 일상이 되면 스스로는 결정하지 못하는 사람이 되는 악순환에 빠지고 만다. 개개인의 무관심함이 나아가 사회로까지 악영향을 미친다고 할 수 있다.

이러한 무관심은 여러 사람이 모인 자리에서 의사 결정을 내리는 데 있어서도 안 좋은 영향을 끼칠 수 있다. 그 예로, 한 가지 일을 결정할 때 혼자라면 금방 결정할 수 있겠지만, 인원이 많아질수록 결정을 하는 데 힘이 든다. 저마다 의견과 주장이 있기 때문이다. 각자 생각하는 방향도 다르고 이해도도 다르니, 서로를 이해시키는 데 많은 시간이 소요될 것이다. 결국 이러한 시간을 귀찮고 아깝다고 생각하는 사람은 서로 의논해서 몇 배의 시간을 들이는 것보다 일방적으로 자신의 의견을 밀어붙여 짧은 시간 안에 결정하는 것을 선택할 것이다.

즉 다른 사람의 생각에는 관심을 두지 않은 채 귀찮고 피곤하다는 생각으로 그것이 옳은지 그른지를 판단하지 않고 결과를 내려고 하는 것이다.

앞서 설명했듯이 우리의 무의식은 실감한 대로 생각을 형태로 만들어준다. 무의식은 무엇이 옳고 그른지 선악에 대해 판단하지 않으며, 그저 부정적인 생각이든 긍정적인 생각이든 오로지 자신의 '실감'을 실현하려고 분주하게 뛰어다닐 뿐이다.

누군가 상대에게 복수하기를 원하면 그 기회를 만들어 자각 없이 상대에게 앙갚음할 수 있도록 연출까지 해준다. 이와 같은 과정은 결국 모든 상황을 절벽으로 내모는 것과 같다. 결국 좋든 나쁘든 우리의 무의식은 자신의 실감에 반응하고 영향을 끼치고 있는 것이다.

한 걸음 앞서가기보다 '지금'에 초점을 맞춘다

천천히 실감하면 남과 비교하지 않게 된다

대기업과 같이 일을 분담하지 못한 채 1인 경영을 하는 한 경영자로부터 혼자 모든 일을 하다 보니 "천천히 실감할 여유가 없습니다"라는 말을 들은 적이 있다. 물론 그 상황이 이해되지 않는 건 아니다.

하지만 오히려 그런 상황일수록 천천히 실감할 시간이 필요하다. 많은 사람들이 이에 대한 중요성을 인식하지 못하고 있다. 오히려 당연하다고 생각한다.

이제껏 수십 년 동안 천천히 실감해오지 않았기 때문에 그 필요성에 대해 알아차리지 못하고 있는 것이다. 하물며 실감하며 살아가는 것과 실감하지 않고 살아가는 것이 불러오는 결과에 대한 차이를 경험해보지 못했기 때문에, 이로 인해 인생에 큰 차이가 생겨난다고는 꿈에도 생각하지 못할 것이다.

- ☑ 천천히 긍정적인 실감을 음미하며 살아가는 사람은 인생이 순조롭게 발전한다.
- ☑ 바쁘게 부정적인 실감을 품으면서, 심지어 자신의 부정적인 기분을 실감하며 살고 있는 것에 관심도 없고 알지도 못하고 살아가는 사람은 아무리 노력해도 좀처럼 인생이 잘 풀리지 않는다.

게다가 천천히 실감하며 살아가는 사람이 있다 해도 실감이라는 관점에서 보면, 타인과 비교하는 것 자체가 말이 되지 않기 때문에 자신의 속도가 빠른지 느린지에 대해 전혀 생각할 수 없다. 결국 모든 일이 잘 돌아가기 위해서는 편안한 실감과 충족감과 같은 긍정적인 실감이 중요하다.

한 걸음 앞서가기에 초점이 맞춰져 있다면

초조해하는 사람들의 공통점은 지금을 느끼지 않고 항상 '한 걸음 앞서가기'에 초점이 놓여 있다는 것이다.

삼십 대 후반의 한 여성은 작은 실수와 실패를 거듭하고 있었다. 하지만 스스로도 왜 자꾸 실수와 실패를 반복하지는 알지 못했다. 항상 조심하고 있다고 생각했는데도 부주의로 인한 실수는 개선되지 않았다. 직장에서라면 '긴장하기 때문'이라고 변명할 수 있겠지만, 이는 개인적인 일에서도 마찬가지였다.

그런 그녀에게 "늘 초조해하고 있지는 않은가요?"라고 질문했다. 그러자 그녀는 "초조함을 실감하면서 살면 시간이 아깝잖아요. 게다가 그런 작은 부분이 자신감으로 이어지는 것 같지도 않고요"라고 말하며 처음에는 이를 인정하지 않았다. 그런 그녀에게 다시 질문했다.

"그럼 예를 들어 휴일에 집에서 빨래를 하고 있는데, 방 청소를 걱정하고 있지는 않은가요? 혹은 너무 피곤해서 아무것도 하고 싶지 않을 때도 머릿속으로는 '그 일도 해야 하고 이 일도 해야 하는데' 하고 걱정하고 있지는 않은가요?"

이런 식으로 지금 실제로 하고 있는 일과 머릿속에서 생각하는 일이 마치 잘못 채운 단추처럼 어긋나 있지는 않은지 물었다. 그제야 그녀는 "하긴, 정말 그렇네요" 하고 고개를 끄덕였다.

지금을 사는 사람일수록 초조해하지 않는다
초조해하는 사람들은 자신이 지금 초조해하고 있다는 것조차 깨닫지 못할 정도로 늘 초조해한다.

이는 의식의 눈이 항상 한 걸음 앞으로 향해 있기 때문이다.

우리는 횡단보도의 신호가 빨간불일 때 단거리경주의 '준비, 땅'의 출발 신호처럼 조급한 마음으로 파란불로 바뀌기를 기다린다. 파란불이 되어 횡단보도를 건널 때는 그 사이 길을 건널 수 있을지 가늠하며 보도 끝을 바라본다. 또 전철역이 가까워지면 개찰구 앞 에스컬레이터를 바라보고, 에스컬레이터를 올라갈 때는 도착하는 전철에 신경을 쏟는다.

이와 같이 현재 무언가를 하면서도 늘 한 걸음 앞에 초점을 맞추고 있기 때문에 당연한 일인 것처럼 조급해한다. 이런 초조함이 실수와 실패를 일으키는 것도 모른 채 말이다.

한편 지금을 사는 사람일수록 초조해하지 않는다. 그들은 횡단보도의 신호가 빨간불일 때는 차분하게 신호가 바뀌길 기다린다. 때문에 조급해하지 않으며 호흡 역시 편안하다. 횡단보도를 건널 때는 좌우에 멈춰 서 있는 차량을 살피며, 에스컬레이터를 올라갈 때는 발밑을 느끼면서 편안하게 서서 주변을 천천히 둘러보는 여유도 있다.

또 웬만해서는 조급하게 뛰어서 전철을 타는 일도 없다. 처음부터 뛰어 타지 않아도 되는 속도와 스케줄로 움직이기 때문에 뛰어 탈 일이 없는 것이다.

긍정적인 실감을 더 자주 경험한다

부정적인 실감이든 긍정적인 실감이든 자신이 실감하는 그 하나하나가 인생을 채색하는 설계도가 된다. 나무로 비유하면 원줄기와 가지, 잎의 모든 것이 자신의 의식에 따라 구성되어 있는 것이다. 의식의 강약과 질에 의해 그 의식은 원줄기처럼 영향력이 큰 것도 있는가 하면 가지와 잎처럼 부분적인 것도 있다.

예를 들어 앞서 언급한 '천천히 실감할 여유가 없다'는 의식이 나무 전체에 영향을 주는 '뿌리'가 되면 끊임없이 초조해하는 기분을 품고 살아가야 한다. 그 초조함이 실현화된다면 수시로 밟아야 하는 '자전거 페달'로 나타날 것이다.

마찬가지로 '늘 실패한다'가 인생의 원줄기가 된다면 무의식중에 늘 실패하는 선택을 하게 되고 그 방향으로 나아가게 된다.

자신에게 능력이 없다는 의식 자체가 원줄기에 머무르면 무의식중에 능력을 발휘하지 못하는 선택을 하고 능력이 없음을 통감하는 결과를 불러일으키는 것이다.

누구나 자신의 인생을 '더 풍요롭게 만들고 싶다'고 소망하는 것처럼, 문제가 발생하면 그 해결 방법을 모색하고 고민하려고 할 것이다. 그러나 좀처럼 문제가 개선되지 않는다면 그 주요 원인은 '실감'에 있다 해도 과언이 아니다.

실감은 의식이다. 우리 인생의 바탕은 이러한 의식으로 이루어져 있다. 그러므로 초조함과 불안함을 비롯한 부정적인 실감보다 긍정적인 실감을 더 늘려나가는 것만으로도 고달픈 상황을 호전시키고 인생을 좋은 방향으로 발전시킬 수 있을지 모른다.

'실감'이 인생을 채색하는 설계도가 된다

NEGATIVE
부정적인 채색

POSITIVE
긍정적인 채색

부정적인
실감 > 긍정적인
실감

부정적인
실감 < 긍정적인
실감

긍정적인 실감을 천천히 음미하면
인생을 호전시킬 수 있다

초조함은 무의식에서 보내는 메시지

목표를 착실히 달성할 수 있는 최단 코스

지금 눈앞에서 일어나는 일이나 하고 있는 일을 천천히 실감하기만 해도 편안함과 충족감, 만족감과 같은 긍정적인 기분이 생겨난다. 지금껏 설명해왔듯이 긍정적인 실감을 원줄기로 삼으면 무의식은 자연히 긍정적인 선택을 하고 긍정적인 행동을 취한다.

예를 들어 우리 신변에 다양한 사건이 일어났을 때 'A, B, C, D, E에서 문제가 발생했고 그 하나하나에 진지하게 대처해야 한다'고 생각하면 문제가 너무 많아서 정신이 아찔해지고 복잡한 문제로 여겨질 것이다. 그러나 실감은 그렇지 않다. 그때그때의 장면을 기분과 감정이라는 관점으로 볼 때 A 장면에서 초조하다면 B, C, D, E의 장면에서도 똑같이 초조해지는 것이다.

이 초조함이라는 실감이 문제를 일으킨다면 초조함이라는 근본적인 실감을 천천히 실감하기만 해도 해결된다. 즉 A 장면에서 천천히 실감할 수 있다면, 자동으로 B, C, D, E 장면에서의 실감도 바뀌게 되는 것이다.

서두르면 실패한다. 그 기동력이 되는 것이 초조함이다. 따라서 만약 당신이 '초조하다'고 느낀다면 그것은 반대로 목표를 달성하려면 '시간이 더 걸린다'라는 무의식이 보내온 메시지라고 해석해야 한다.

지금 하려는 일에 초조함을 느끼는 것은 "지금 당장 달성하는 것은 무리예요"라고 당신의 무의식이 초조함이라는 감정으로 이를 알려주고 있는 것이다.

만약 진지하게 성공을 바란다면 '한 걸음 앞을 보는 습관'을 버리기 위해 지금 자신이 임하고 있는 '눈앞'의 일을 천천히 공들여 실감해야 한다. 물론 초조해하는 사람들에게는 천천히 시간을 들이는 것이 멀리 돌아가는 것처럼 느껴질 테지만, 알고 보면 긍정적인 기분과 감정을 천천히 음미하는 것이 목표를 착실히 달성할 수 있는 최단 코스라 할 수 있다.

사고하는 것과 느끼는 것은 양립하지 않는다

사고하는 것과 느끼는 것은 양립하지 않는다. 즉 사고할 때는 실감하지 않는다. 감정이든 오감이든 느끼는 것에 초점이 맞춰 있을 때 사고는 정지한다. 즉 머리로 이것저것 생각하면서 초조해하지 않는 것은 무척 어려운 일이지만 실감하는 것에 집중한다면 사고는 쉽게 멈추게 된다.

한 걸음 앞을 보는 습관도 그 원인을 들여다보면 사고가 만들어낸 초조함에서 비롯된 것이다. 따라서 실감에 초점을 맞추면 초조함이 줄어들기 때문에 한 걸음 앞을 보는 습관도 없어질 것이다.

또 원리적으로 실감의 양이 늘어나면 사고를 하는 양은 줄어들게 된다. 긍정적인 실감이 늘어나면 자동으로 긍정적인 사고를 하게 되기 때문에 '다른 사람들을 따라잡기 위해 서둘러야 한다'는 조급함을 낳는 사고도 점점 줄어들게 되는 것이다.

무엇보다 실감하는 것의 최대 이점은 실감의 양이 늘어남으로써 사고 그 자체가 격감한다는 것이다. 그 때문에 쓸데없는 사고와 유해한 사고를 배제할 수 있다. 또한 긍정적인 사고를 하면 자연히 긍정적인 선택을 하게 되므로, 그 결과 인생도 잘 풀리면서 긍정적인 순환이 이루어지게 되는 것이다.

'감정'을
내 편으로 만들면

**모든 것이
뜻대로 이루어진다**

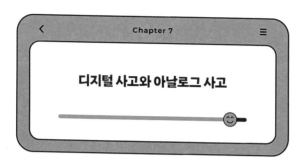

디지털 사고와 아날로그 사고

매사를 득과 실로 판단하는 디지털 사고

타인과 주변, 외부에 얽매이다 보면 나도 모르는 사이 타자중심에 푹 빠지고 만다. 하지만 타자중심이 되는 순간 매사를 판단할 때 무엇을 기준으로 해야 하는지 알지 못해 '이걸 하는 게 좋을까, 안 하는 게 좋을까?' 하고 고민하게 되는 경우가 많다.

간단히 말해 그렇게 고민하는 것은 사고에 사로잡혀 '어느 쪽을 선택해야 더 득이 될까?' 하고 득과 실을 따지는 성질이 작용하기 때문이다.

나는 득과 실로 판단하려는 사고를 '디지털 사고'라고 부른다. 바로 전형적인 타자중심의 사고 패턴이라 할 수 있다.

불론 득과 실을 기준으로 삼아서는 안 된다는 말이 아니다. 사람은 누구든 행복해지고 싶고 이득을 보고 싶어 한다. 그런 욕구가 있는 것은 오히려 바람직하다고도 할 수 있다.

다만 실제로 행동할 때 디지털 사고로 판단하면 오히려 손해를 보게 되는 경우가 많다는 것을 알아두어야 한다. 왜 그럴까? 바로 득과 실에 얽매여 있을 때는 '마음'을 전혀 고려하지 않기 때문이다.

디지털 사고로는 겉면밖에 보이지 않는다. 빙산의 일각처럼 해면에 떠올라 있는 얼음밖에 보여주지 않는 것이다.

그러나 바다 속에는 그 수십 배, 수백 배에 달하는 얼음이 숨겨져 있다. 즉 전체 빙산을 파악하려면 반드시 '아날로그 사고'를 해야 하는 것이다.

나의 모든 감각을 파악하는 아날로그 사고

디지털 사고는 평면적이지만 아날로그 사고는 입체적이다. 그렇다면 어떻게 해야 입체적인 사고를 할수 있을까? 그것이 바로 '실감'이다.

우리가 무언가를 느끼는 방식은 그야말로 무한하다. 때문에 얼마든지 감도를 높일 수 있다. 욕구와 감정, 오감 혹은 신체가 어떻게 느끼는지도 포함해 자신의 모든 감각을 무의식이 보내온 메시지로 해석할수 있는 것이다.

이런 실감을 믿고 이를 바탕으로 종합적으로 판단하는 것이 아날로그 사고이다. 게다가 이런 무의식의 실감은 그것을 자각하든 못하든 현재의식의 욕구는 비교도 되지 못할 정도로 압도적인 힘을 발휘한다.

아무리 득과 실을 따져 이득이라고 생각했어도 만약 무의식중에 '하고 싶지 않다', '불안하다', '괴롭다', '죄책감을 느낀다'와 같은 감정을 품었다면, 무의식은 그런 부정적인 감정을 재빨리 해소하기 위해 작동하기 시작할 것이다.

그 결과 디지털 사고밖에 못하는 사람의 눈에는 자신이 원하는 것을 이루지 못한 것처럼 보일 수도 있다. 하지만 무의식은 '불안, 고통, 죄책감'에서 벗어났기 때문에 원하던 것이 이루어진 셈이다. 그러므로 나의 무의식이 느끼고 있는 실감을 파악하고 믿는 것이 중요하다.

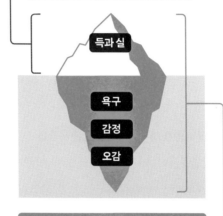

'디지털 사고'와 '아날로그 사고'

디지털 사고

'득과 실'의 표면적인 부분만으로
매사를 판단하는 사고

득과 실

욕구

감정

오감

아날로그 사고

득과 실뿐만 아니라 '욕구·감정·오감'을
근거로 입체적, 종합적으로
매사를 판단하는 사고

아날로그 사고를 하기 위해서는
욕구·감정·오감 등의 '실감'을 믿어야 한다

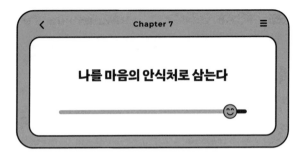

Chapter 7

나를 마음의 안식처로 삼는다

자신의 마음을 마비시키며 살아온 사람들

최근 경영진이나 국가 공무원 등이 아랫사람에게 폭언을 퍼붓거나 폭력을 휘두르는 문제가 자주 발생하고 있다. 경력만 보면 품행이 방정하고 총명하며 인망도 두터운 사람처럼 보이지만, 실상은 감정에 휩싸여 막되게 굴고 후안무치하고 무식한 사람들도 적지 않다.

그런 사람들이야말로 가정에서 자신의 감정을 소

중히 취급받지 못하고 오로지 부모의 꼭두각시가 되어 자기 마음을 마비시키며 살아온 타자중심의 사람들이다. 언뜻 논리성이 뛰어난 것처럼 보이지만, 실은 디지털 사고를 넘지 않을뿐더러 놀라울 만큼 전혀 아날로그 사고를 하지 못한다.

결국 디지털 사고를 하기 때문에 미래를 예측하지도 못하고 눈앞의 것에 정신이 팔려 앞뒤를 생각하지 않고 무모하게 행동하는 것이다.

그들은 타인에 대한 자신의 부적절한 언행과 처사가 어린 시절 가정환경이나 성장 과정에서 몸에 익혀 온 것임을 꿈에도 생각하지 못할 것이다. 혹은 폭력적으로 상대를 상처 입힌 진짜 원인이 자기 부모에 대한 분노와 증오라는 것도 깨닫지 못했을 것이다.

뒤집어 말하면 자신이 타인에게 지독한 짓을 한다면 그것은 과거에 가정에서 그런 취급을 받았다는 말과 같다.

이처럼 과거의 상처를 치유하지 못한 채 그 반동으로 생판 남에게 아무렇지 않게 지독한 짓을 하는 사람일지라도 여전히 부모와는 똑바로 마주하기는커녕 시키는 대로 따르고 말 한마디 못하는 노인들도 많다.

무의식은 감정이나 실감을 가장 우선시한다

노인이 되어서도 부모에게 지배당하고 상하 관계에서 벗어나지 못하는 삶을 살고 있다면, 이 얼마나 안타까운 일인가.

무의식은 감정과 실감을 가장 우선시한다. 스스로 냉정하고 객관적으로 판단하려 해도 자신의 언행은 자신의 의식 밑바탕에서 시작된다. 즉 의식 밑바탕에 증오와 원망이 깔려 있으면 그 시점에서 사고가 시작되는 것이다. 물론 그때 '무의식의 목적'은 증오와 원망을 달성하는 것이다.

아무리 현재의식에서 고매한 이상을 내걸고 그것

을 향해 매진한다 해도 밑바탕에 증오와 원망이 있으면 그 복수심 때문에 공포를 일으키는 상황을 실현하려 할 것이다.

예를 들어 상대가 선의로 자신을 위해 무언가를 해주었다고 가정해보자. 하지만 의식 밑바탕에 강한 증오와 원망을 품고 있으면 모든 일을 그 시점으로만 바라보게 된다. 그 탓에 상대의 행동을 선의로 느끼지 못하고 '나를 위기에 빠뜨리기 위해 획책하는 것은 아닐까?' 하고 의심부터 하게 될 수도 있다.

또 자신의 생일을 위해 아내가 깜짝 파티를 하려고 준비하는 모습을 우연히 목격하게 되면, 아내가 자기 몰래 조심스럽게 하는 행동을 바람을 피우는 것이라 의심할지도 모른다.

자신이 상대를 위해 노력할 때도 마찬가지다. 상대가 자신이 원하는 반응을 보이지 않으면 상처를 받고 "기껏 애써서 해줬더니 태도가 그게 뭐야!" 하고 성질을 부리게 된다. 자신이 상대를 위해 애쓸수록 그 이상의 심리적 보수가 돌아오지 않으면 선의도 쉬이 증오와 원망으로 바뀌는 것이다.

이렇듯 가는 곳마다 타인에 대한 불신감과 부정적인 기분이 고개를 들기 때문에, 결국 증오와 원망을 품는 방향으로 생각해버리게 된다.

이것은 일부 사람들의 이야기가 아니다. 오늘날 사회 전체가 마음에 부정적인 감정을 끌어안고 있어 계기만 주어지면 누군가에게 격한 감정을 터뜨리고 "누군가를 타깃으로 집중 공격하지 않고는 직성이 풀리지 않는다"고 말한다.

사회 환경이 이렇게 변할수록 마음의 안식처는 바로 나 자신이 되어야 한다. 자기중심이 되어 자기 마음을 기준으로 삼지 않으면 갈수록 변화하는 사회에서 스스로를 지키기란 더 어려워질 수밖에 없다.

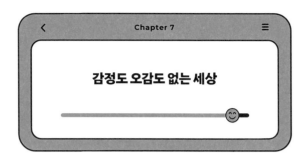

감정도 오감도 없는 세상

만약 세상에 감정이 없다면?

자기중심 심리학에서는 마음과 기분, 감정뿐만 아니라 오감을 느끼는 방식, 신체와 감각을 포함해서 '느끼는 것'을 중시한다.

가끔 "상처 받고 싶지 않으니 감정은 느끼지 않게 되는 편이 낫다"고 말하는 사람이 있다. 하지만 그러면서도 행복해지기를 바란다. 이 얼마나 모순된 말인가.

그럼 실제로 '감정이 없는' 세상을 상상해보자. 감정이 없다는 것은 부정적인 감정을 느끼지 않을 뿐만 아니라 긍정적인 감정 역시 느끼지 않는 것이다.

확실히 부정적인 감정을 느끼지 않으면 타인에게 엄청난 봉변을 당했다 해도 상처 받았다는 감정은 느끼지 않을 것이다. 또 소중한 사람을 잃는다 해도 괴로움을 느끼지 않을 것이다. 그 이전에 상대를 '소중히 느끼는' 감정 자체가 없으니 소중히 여기는 사람 역시 아예 존재하지 않을 것이다. 고독하게 살아가도 외롭다고 느끼지도 않는다.

이와 같은 현실은 부정적인 기분을 느낄 일이 없으니 상상만으로는 좋게 느껴질 수도 있다. 하지만 여기서 중요한 점은 긍정적인 감정 역시 느낄 수 없는 세상이라는 것이다.

상대가 다정히 대해줘도 기쁜 마음은 느껴지지 않고, 감사한 마음도 생겨나지 않는다. "사랑해"라는 고백을 받아도 행복이나 기쁨을 느낄 수 없고, 자신을 사랑해줘도 아무것도 느낄 수 없다. 또 다른 사람과 마음이 통하는 대화가 이루어졌다 해도 따뜻한 정과 만족감을 맛볼 수도 없다.

즉 마음속은 황량하고 무미건조한 무색의 세상이 될 것이다. 스스로에게 '무엇을 위해 살아가는 걸까?' 하고 묻는 일도 무의미하고, 살아 있는 이유와 의미도 사라질 것이다.

만약 세상에 오감이 없다면?

그럼 이번에는 오감이 없는 세상을 상상해보자. 오감은 우리에게 긍정적인 감각을 느끼게 할 뿐만 아니라 그 모든 것이 살아가는 데 있어 정보가 되기도 한다.

오감을 느끼지 않는다는 것은 미각, 후각, 시각, 촉각, 청각을 느낄 수 없는, 이 모든 것이 차단되는 세상이다.

냄새가 난다거나 더럽다거나 뜨겁고 차갑거나 아프다는 등의 모든 감각을 느끼지 못한다. 결국 몸의 상태가 안 좋아져도 알아차리지 못하고, 다쳐 화상을 입거나 상처가 나도 느끼지 못할 것이다. 또 음식의 맛을 느낄 수도 없고 황홀한 음악을 들으며 푹 빠질 리도 없다. 대자연의 한가운데 있어도 마음을 울리는 감동을 느낄 수 없다.

이처럼 하나씩 그 순간을 떠올려 보았는데도 '느끼지 않는 편이 낫다'라는 생각이 드는가?

많은 사람들이 감정을 골칫거리 취급하는 것은 사소한 장면들에서 느끼는 긍정적인 감각의 감도가 아직 성장하지 않았기 때문이다. 살아가는 기쁨과 만족감, 행복감은 감정과 오감과 신체로 느끼는 긍정적인 감각을 맛보아야 비로소 진정으로 느낄 수 있는 것이다.

감정은 나를 지켜주는 수호신

그뿐만이 아니다. 느낀다는 것에는 더 중요한 의

미가 있다. 감정과 오감, 신체를 통해 느끼는 감각의 센서는 '나를 지키기 위한 도구'이기도 하기 때문이다. 그리고 그 센서는 '나의 수호신'이라 할 수 있을 만큼 든든하고 강력하다.

자기 마음을 무시하거나 뒤로 미루는 사람은 수호신 같은 존재는 믿지 않기 때문에 무엇을 안식처로 삼아야 할지 알지 못한다. 그 탓에 자기 판단에 자신감을 갖지 못하고 타인의 판단에 의지하거나 타인의 의견만 따르기 십상이다.

그런 의존적인 선택으로 특히 저지르기 쉬운 실수는 '상대의 마음'보다 '상대의 말'을 곧이곧대로 받아들인다는 것이다.

예를 들어 상대가 "○○까지는 반드시 약속을 지키겠습니다"라고 말했다고 했을 때, 문득 의심이 들더라도 상대의 말을 믿고 기다릴 것이다. 또 그날이 되어 상대가 약속을 지키지 않았다고 해도 그가 변명을 하면 믿으려고 할 것이다. 심하게는 그 후에 갑자기 연락이 끊기고 상대가 증발해버린다고 해도 여전히 그의 말을 믿고 싶어 할 것이다.

자신의 마음속을 들여다보면 이미 속았다고 판단할 만한 상황인데도 '그래도 그 사람이 반드시 지킨다고 말했으니까' 하고 상대의 말에 사로잡혀 의심을 지우려 하는 것이다.

이미 마음은 알고 있는데도, 그것을 인정하고 싶지 않은 것이다. 인정하면 더 두려운 일이 벌어질 테니까. 그것은 버림받았다는 두려움과 절망이다.

그런 두려움으로부터 벗어나고 싶어서 상대의 말에 한 가닥 희망을 걸고 마는 것이다. 하지만 결국 그 말이 완전히 거짓이었음을 통감했을 때는 이미 되돌릴 수 없을 만큼 상태가 악화되어 있을 뿐이다.

마음에 가까이 다가갈 수 있는 사람은 '나'라는 안식처가 있다. 그 때문에 이럴 경우에는 상대의 말보다 자신이 '어떻게 느끼는지'를 믿는다.

익숙하지 않으면 어려울 수 있지만, 상대가 말하는 내용을 듣고 '상대의 말이 내 마음에 어떻게 울리는가?' 하고 스스로 어떻게 느끼는지에 초점을 맞추면 상대의 마음을 감지할 수 있다.

'상대가 어떤 마음으로 이 말을 하고 있는 것일까?', '말 속에 성의와 성실함이 깃들어 있는가, 아닌가?'와 같이 질문을 던져보는 것이다. 가슴속에 불신과 속임수와 거짓과 같은 의구심이 스쳤다면 그것은 자신이 상대의 의식을 감지해냈기 때문이다.

물론 나의 센서가 100퍼센트 정확하다는 것은 아니지만, 적어도 상대의 말보다는 '나의 느낌 감지 센서'가 훨씬 정확하다고 할 수 있다. 우리는 자기 생각과 감정, 기분을 느낄 뿐만 아니라 상대가 품고 있는 생각도 감지할 수 있다.

사람에 따라서는 아직 센서가 작동하지 않은 사람도 있는데, 이 감각의 센서는 갈고닦을수록 정도가 높아진다고 할 수 있다. 평상시 자신의 센서를 갈고닦다 보면 다양한 문제가 발생하기 전에 알아차리고 대처할 수 있게 되는 것이다.

'내가 어떻게 느끼는지를 믿고 판단하고 행동하는 것', 즉 내가 어떻게 느끼는지를 믿게 되면 나머지는 매우 간단하다. 이것이 결과적으로 나를 지키는 일인 것이다.

감정·오감은 '나의 수호신'

감정

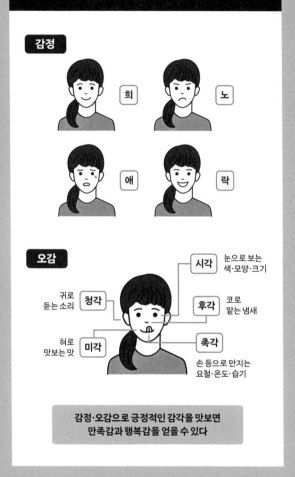

희
노
애
락

오감

시각 — 눈으로 보는 색·모양·크기
청각 — 귀로 듣는 소리
후각 — 코로 맡는 냄새
미각 — 혀로 맛보는 맛
촉각 — 손 등으로 만지는 요철·온도·습기

감정·오감으로 긍정적인 감각을 맛보면
만족감과 행복감을 얻을 수 있다

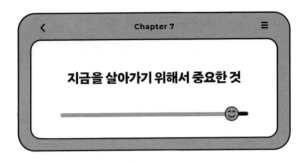

지금을 살아가기 위해서 중요한 것

감각, 오감, 감정을 총동원해 지금을 살아간다

내가 지금 경험하고 있는 것을 모든 감각, 오감, 감정을 총동원해 '느끼고 맛보는' 것이 '지금을 살아간다'는 것이다. 지금을 살아가면서 그때그때 자신의 마음에 따른 선택을 하다 보면 마음은 충실감과 만족감으로 채워지게 된다.

만족감과 행복감과 같은 긍정적인 기분과 감정을 느끼고 있을 때는 마음과 행동이 일치한다.

동시에 '나를 사랑하는 상태'라고 말할 수 있다. 내가 좋아하는 일을 하고 있을 때, 즐겁고 재미있고 가슴이 두근거리는 일 등 긍정적인 감정과 기분을 음미하면 그 자체로 나를 사랑하고 있는 순간이 된다.

좋아하는 사람과 함께 있을 때 기쁘고 즐겁고 행복한 기분이 느껴지면 동시에 그것은 나를 사랑하고 있는 시간인 것이다.

누군가 나에게 100퍼센트의 사랑을 준다 해도 내가 느끼는 사랑의 감도가 10퍼센트라면 나에게는 10퍼센트의 사랑밖에 없는 것이지만, 누군가 나에게 100퍼센트의 사랑을 주었을 때, 내가 느끼는 사랑의 감도가 200퍼센트라면 상대의 두 배에 달하는 사랑을 느끼게 되는 것이다.

감정은 나를 사랑하기 위한 메시지

'느끼는' 부분에 초점을 맞추고 음미하려고 하면 긴 시간이 필요하다. 하지만 현대사회는 늘 빠르게 움직이고, 이 빠른 움직임에 맞추려고 하다 보면 항상 초조해하거나 결과만을 좇기 십상이다.

그런 사람에게는 감정이든 감각이든 '음미하고 느낀다'는 행위는 시간이 많이 걸리는 귀찮은 작업처럼 느껴질 것이다. 그러나 그 귀찮은 작업을 게을리하면 내가 느끼는 감정과 기분이 부정적인 실감으로 가득 찰 것이다.

실감은 나를 사랑하는지 아닌지의 기준이 된다. '지금' 부정적인 감정과 기분으로 채워져 있다면 그것은 '나를 사랑하지 않는다'는 것이고, '지금' 긍정적인 감정과 기분으로 채워져 있다면 그것은 '나를 사랑한다'는 것이다.

그런 의미에서 내가 느끼는 감정은 긍정적인 감정도 부정적인 감정도 전부 '나를 사랑하기 위해' 무의식이 보내온 메시지라고 할 수 있다.

실감의 축적에 따라 긍정적인 인생이 될지, 부정

적인 인생이 될지 결정된다. 그러므로 의식의 밑바탕을 긍정적인 색으로 꾸준히 칠해나간다면 그것만으로도 당신의 인생은 저절로 좋아질 것이다.

성공을 목표로 하면 내가 원하는 성공을 이룰 수 있다. 행복을 목표로 하면 내가 원하는 행복을 이룰 수 있다. 하루하루 '사소한 기쁨'을 내 편으로 만들면 행복도 성공도 저절로 생겨난다. 진실은 의외로 단순하다. 그 진실을 찾는 건 온전히 나의 몫이다.

나는 왜 참으려고만 할까?

부정적인 감정으로부터 나를 지키는 감정 조절 심리학

초판 1쇄 발행 2021년 04월 20일
초판 3쇄 발행 2021년 06월 25일

지은이 이시하라 가즈코　　**옮긴이** 이정민
펴낸이 김기용 김상현

편집 전수현　　**디자인** 이현진
마케팅 조광환 김정아 남소현

펴낸곳 필름(Feelm) 출판사
등록번호 제2019-000086호　　**등록일자** 2016년 6월 13일
주소 서울시 마포구 월드컵북로5가길 31, 2층 (서교동 447-9)
전화 070-8810-6304　　**팩스** 070-7614-8226
이메일 office@feelmgroup.com

필름출판사 '우리의 이야기는 영화다'

우리는 작가의 문체와 색을 온전하게 담아낼 수 있는 방법을 고민하며 책을 펴내고 있습니다.
스쳐가는 일상을 기록하는 당신의 시선 그리고 시선 속 삶의 풍경을 책에 상영하고 싶습니다.

홈페이지 feelmgroup.com　　**인스타그램** instagram.com/feelmbook

ⓒ 이시하라 가즈코, 2021

ISBN 979-11-88469-72-7 (03190)